风险投资财务治理研究

王宗萍 著

河北大学"中西部高校提升综合实力（创新社会管理）专项资金" 资助

科 学 出 版 社

北 京

内 容 简 介

本书全面研究风险投资财务治理的特性与体系，分绪论、正论、结论三大部分，共 8 章。第 1 章绪论，提出风险投资财务治理研究的理论价值与现实意义；第 2~7 章为正论，对风险投资财务治理理论、目标与原则、特性及治理现状等进行论述，并提出案例检验；第 8 章为结论，提出风险投资财务治理与非风险投资财务治理在传导特性这一点上的本质区别，提出做好风险投资财务治理的对策建议。

本书集理论与案例于一体，既有绵厚而系统的理论，又有深入浅出的案例，适合从事金融投资、财务管理等方面研究的学者及实践工作者阅读。

图书在版编目（CIP）数据

风险投资财务治理研究 / 王宗萍著. —北京：科学出版社，2017.3
 ISBN 978-7-03-050602-3

Ⅰ．①风… Ⅱ．①王… Ⅲ．①风险投资–财务管理–研究 Ⅳ．①F830.59

中国版本图书馆 CIP 数据核字（2016）第 271343 号

责任编辑：方小丽 李 莉 陶 璇 / 责任校对：郑金红
责任印制：徐晓晨 / 封面设计：无极书装

科 学 出 版 社 出版
北京东黄城根北街 16 号
邮政编码：100717
http://www.sciencep.com

北京京华虎彩印刷有限公司 印刷
科学出版社发行 各地新华书店经销
*

2017 年 3 月第 一 版 开本：720×1000 1/16
2018 年 5 月第二次印刷 印张：11
字数：220 000

定价：66.00 元
（如有印装质量问题，我社负责调换）

作者简介

　　王宗萍，女，重庆渝北人，1964 年 12 月生，管理学博士，河北大学管理学院会计学教授，省级骨干教师及省级学科带头人后备人选。

　　1986 年参加工作至今，一直从事会计及财务管理相关理论的教学与研究。在财务治理、财务风险与控制等方面有较为深入的研究。多年来，承担并完成了"风险投资中双重委托代理下财务治理框架研究""体育事业融资机制的国内外比较研究"等国家及省部级项目 10 余项；撰写了《投资项目财务评价研究》《企业财务危机与预警》等专著 6 部；独立编写了《房地产企业全面预算管理》《财务管理学》等教材 4 部；在《中国软科学》《经济体制改革》等刊物上发表了《基于财务控制权视角的风险投资退出方式研究》《风险投资中双重委托代理下财务治理框架构建的基础研究》《跨国投资决策主体及其他变量选择的探讨》等学术论文 50 余篇；获得国家优秀教学成果二等奖 1 项、省部级优秀教学成果一等奖 2 项、省部级优秀教学成果二等奖 1 项、省级优秀社会科学三等奖 2 项。

前　言

　　风险投资（venture capital，VC）是指初始投资者（venture investor）把资金交给风险投资机构，委托风险投资家（venture capitalist）经营和管理并获得相应的收益回馈；风险投资家经过仔细筛选、决策后，将资金、自己的专业知识和管理经验投资于风险投资企业；通过风险投资企业的经营和发展，风险资本得到价值增值，再流至风险投资机构的过程。这个过程形成了一条有别于其他投资方式的双重甚至多重委托代理链。正因为该代理链的存在，财务组织结构、资本结构、财务权力结构、财务契约安排、相关激励约束机制等在风险投资中体现的财务治理内涵与其在一般独立的投融资项目中所体现的财务治理内涵有很大的区别。已有的研究既缺乏对区别于一般公司财务治理的风险投资委托代理下财务治理特殊性的探讨，也鲜有涉及对风险投资委托代理链上几个结点财务关系的剖析及其产生的在财务契约、融资安排、财权配置、收益分配、激励约束等多个方面的联动制约与耦合的研究，因而没有一个能系统解读风险投资中双重委托代理风险下的财务治理特性及体系的理论。本书试图对此进行探索。

　　本书首先采用实地调研、专家访谈等方式，对我国风险投资领域的财务治理实践状况进行考察。结合典型案例，剖析我国风险投资中财务治理环境、财务治理结构、财务治理模式和风险投资各方财务契约的设计等，对我国现有风险投资机构和企业的财务治理结构和治理机制现状进行总结。其次，在此基础上，从组织结构、资本结构、财务权力结构、阶段投资、相机治理等多方面深入分析风险投资中双重委托代理风险下财务治理区别于一般企业财务治理的特性，并提出在双重甚至多重委托代理关系中风险投资财务治理具有联动的特性，需要建立联动治理机制。最后，分别就风险投资中双重委托代理关系的两个核心载体——风险投资机构和风险投资企业，从治理的主客体、治理中心、治理手段与工具、治理目标体系等角度，在充分考虑其联动特性的前提下，采用实证研究与规范研究相结合的方式，对风险投资机构和风险投资企业在组织结构、资本结构、财务契约、财权配置和激励约束机制等方面建立财务治理体系提出了思考。为了检验该体系建立思想的科学性，本书以农业领域的风险投资财务治理典型案例进行验证研究。

　　本书以我国创业板为主要研究对象，从风险投资双重委托代理关系视角系统地对财务治理理论进行总结提炼，历时近十年，其间数次对研究结论进行修正和完善。研究表明：

　　（1）风险投资运营过程会形成一条双重甚至多重委托代理链，该代理链所体现的委托代理关系及内涵，使代理链上风险投资机构及风险投资企业的财务治理也具有特殊内涵。这种特殊内涵不同于一般投融资过程中涉及的独立企业的财务治理内涵。

（2）如果风险投资中的双重甚至多重委托代理关系中某一重关系发生改变，可能会引起另一重关系发生相应的改变，即委托代理关系具有联动效应。与此同时，产生委托代理关系的前提因素——风险资本运动，也同样有可能发生联动变化，所以，因风险资本管理而设计的财务治理内涵也应该具有协同联动性。

（3）风险投资机构财务治理的决定性因素在于其组织形式，而风险投资企业财务治理的决定性因素在于组织结构特性、资本结构特性和控制权结构特性。

（4）本书还分别以风险投资机构和风险投资企业为核心主体，从治理客体、治理中心、治理手段与工具、治理目标等方面，从组织形式、资本结构、权力结构、激励约束机制等角度建立风险投资财务治理体系。

本书与前人关于财务治理的相关研究比较，主要的不同点如下。

（1）本书基于风险投资中委托代理链上的初始投资者、风险投资机构、风险投资企业构成的企业组的新视角，以企业组内部各企业之间的委托代理关系联动而带来的财务治理联动为基础，研究风险投资财务治理机制，进而把财务治理的理论研究应用于风险投资委托代理链上的多个企业，拓展了财务治理的研究领域。

（2）提出联动财务治理概念。在风险投资双重委托代理关系下，各财务治理主体与客体之间、各财务治理中心之间存在联动，甚至是互动的治理关系。

（3）系统地对风险投资企业财务治理基础理论和特性进行总结研究。现有的研究缺乏对风险投资财务治理内涵、主客体、目标、原则、对象等相关基础理论的总结，更缺乏对风险投资财务治理有别于其他非风险投资项目财务治理的特性研究，所以，本书系统地研究和梳理了风险投资财务治理的相关基础理论和有别于一般项目投资的财务治理特性。

（4）对联动治理机制下的风险投资财务治理体系构建进行探索。根据风险投资财务治理的特性，本书从建立风险投资各主体的激励约束机制出发，构建基于分阶段投资、联合投资、投资工具选择等特殊财务治理措施及资本结构、控制权结构和组织结构优化目标的财务治理体系。

受作者水平所限，研究中尚有不足之处，诚望读者指出。

王宗萍

2016 年 4 月

目　　录

第1章 绪 论

1.1 研究背景与意义

1.1.1 创新型国家的建设

科学技术的地位和作用在现代社会中越发重要。我国提出到 2020 年建成创新型国家,科技将成为经济社会发展的支撑力量,到 2020 年,科技进步对经济增长的贡献率将提高到 60%以上,全社会的研发投入占国内生产总值(GDP)比重要提高到 2.5%。党的十七大进一步将建设创新型国家作为国家发展战略的核心和提高综合国力的关键。国际学术界将以科技创新作为基本战略,大幅度提高科技创新能力,形成日益强大的竞争优势的这一类国家称为创新型国家。建设创新型国家,核心就是把增强自主创新能力作为发展科学技术的战略基点。实施创新型国家战略的关键在于建设一个全面的创新型体系。风险投资将在建设创新型国家过程中发挥重要的推动作用。

国际经验表明,健全的风险投资体系和完善的资本市场加速了科技型企业创业的速度并提高了创业的成功率。在风险投资最活跃、最发达的美国,经济的增长基本上是依靠高科技产业带动,Facebook、Google、微软、戴尔、IBM 和雅虎等一大批企业的技术创新直接演绎了美国经济增长的神话,而这些世界顶级企业都曾接受过风险资本的扶持,风险投资在推动这些企业的发展中发挥了极为关键的作用。美国麻省理工大学著名学者安德森曾说过:"如果没有风险投资,美国经济就不可能出现后来持续的繁荣。"据美国风险投资协会(National Venture Capital Association,NVCA)的研究,风险投资对美国经济的贡献,其投入产出比例为 1:11。以色列是一个人口仅 822 万人的小国,却是高科技产业的强国,这其中风险投资业功不可没。纳斯达克证券交易所总裁兼首席执行官 Robert Greifeld 曾评价以色列:"除了硅谷,这里是世界上高科技公司最集中的地方。"美国、以色列等近 10 年创新经济的迅猛发展已经证明,风险投资是提高创新能力的加速器，对推动创新经济，尤其是推动科技型创新经济的发展，发挥着极大的作用。

风险投资适应高技术风险的特征，适应科技创新链上对不同层次资本特性的要求，是市场经济体系的组成部分（严隽琪，2009）。可以说，没有风险投资的支持，创新者就不可能实现其创业梦想，也不可能将其创新转化为产品和技术、转化为现实生产力，更不可能在经济发展中发挥创新的作用[①]。

1.1.2　风险资本投资在中国的快速增长

1985 年 9 月，国务院批准成立了中国新技术创业投资公司，它是中国内地第一家专营风险投资业的全国性金融机构，它的成立标志着中国风险投资的开始。自此以后，中国风险投资事业发展较快。自 1998 年中国民主建国会中央委员会（简称民建中央）向全国政协九届一次会议提交《关于加快发展我国风险投资事业的几点意见》的提案，到现今"大众创业、万众创新"的"创时代"特征日益凸显，中国风险投资从萌芽阶段发展至逐步成熟且渐呈迅猛态势。2005~2007 年，中国 GDP 经历连续三年两位数增长率，即使受到金融危机的影响，2008 年、2009 年 GDP 仍然分别增长 9% 和 9.1%。中国经济持续快速增长为风险投资的发展提供了良好的宏观环境。风险投资为中国资本市场和经济发展注入了新的活力，而经济发展反过来也促进了风险投资的增长。2014 年，中国创投市场共发生投资 1 917 起，较 2013 年同期增长 67.0%，其中，披露金额的 1 712 起投资交易共计涉及金额 168.83 亿美元，较上年同期的 66.01 亿美元激增 155.8%；在披露案例的全部投资交易中，平均投资规模达 986.17 万美元。而仅 2015 年上半年，中国创投市场共发生投资 1 103 起，较 2014 年同期的 866 起上升 27.4%，其中，披露金额的 983 起投资交易共计涉及金额 82.45 亿美元，较上年同期的 69.93 亿美元增长 17.9%；在披露案例的全部投资交易中，平均投资规模达 838.79 万美元[②]。这些数据都表明，在创新创业的大背景下，中外创投机构已经进入投资"狂热期"，中国风险资本投资显现出巨大的市场活力，已成为中国资本市场发展不可或缺的新动力。

从世界范围来看，中国本身是一个大市场，更重要的是未来中国在很多行业的全球价值链中的地位日趋重要，中国风险投资市场对全球风险投资商的重要性不言而喻。虽然目前美国和以色列等成熟市场仍占据全球风险投资规模的领导地位，但是处于动态发展中的新兴市场已经对整个行业产生了深远的影响，中国已成为风险投资业全球化的先锋（陈工孟，2008）。英国数据集团 Library House 对

---

① 成思危在 2007（第九届）中国风险投资论坛上的致辞。
② 资料来源：《2014 年中国创业投资年度研究报告》《清科数据：2015 上半年 VC 投资热度不减，半年牛市助 VC 退出业绩亮丽》。

外公布的一份报告显示，2006 年，中国已经取代英国成为全球风险投资第二大目标国。欧洲风险投资协会主席 Cooksey David 曾指出："全球风险投资者正在以前所未有的热情和力度拥抱中国市场。"软银赛富创始人阎焱认为："无论怎么样，在未来的十年，中国将是 VC 和 PE 的乐土。"2015 年 1 月 29 日，总部设在瑞士日内瓦的联合国贸易和发展组织公布的《全球投资趋势报告》的数据显示，2014 年中国已成为全球外国投资的第一大目的地国，这也是中国自 2003 年以来首次超越美国跃居世界第一①。随着中国知识产权情况的改善，财务系统的越发健全，资本市场的完善，以及越来越多具有商业眼光和意识的创业者的涌现，中国市场对国际风险投资机构的吸引力会越来越大。

1.1.3　创业板市场的发展

创业板是主板市场以外的另一个证券市场。在中国发展创业板市场是为了给中小企业提供更方便的融资渠道，为风险资本营造一个正常的退出机制。同时，这也是中国调整产业结构、推进经济改革的重要手段。风险投资与创业板犹如一对"孪生兄弟"，互相促进，共同发展。一方面，创业板的推出为风险投资提供了灵活而顺畅的退出通道，有效促进了风险投资业的发展；另一方面，风险投资的发展又将不断孵化科技创新型企业，为创业板培育优秀的上市资源，从而促进多层次资本市场扩大容量、优化结构、健康发展（李侠，2009）。

中国创业板市场的发展经历了漫长曲折的过程。2009 年 3 月 31 日，中国证券监督管理委员会（简称中国证监会）发布《首次公开发行股票并在创业板上市管理暂行办法》；2009 年 10 月 30 日，随着首批 28 家公司正式挂牌交易，孕育了 10 年的中国创业板开始了全新的篇章。首批挂牌的 28 家创业板企业主要涉及电子信息（12 家）、现代服务（7 家）、生物医药（6 家）、环保节能（1 家）、新材料（1 家）、新能源（1 家）6 个行业。其中，神州岳泰、鼎汉技术、中元华电、西安宝德、华谊兄弟等多数企业都是各行业的龙头企业。2010 年和 2011 年的创业板发展更是呈井喷势态，上市企业数量分别增加 117 家和 128 家，2010 年的平均市盈率已高达 78.53%，创历史最高。受股市大跌的冲击，加之国际金融市场与国内行业领导层变动的不断影响，2012 年对整个风险投资行业来说是"寒冬年"，创业板也在 2012 年 10 月正式暂停首次公开募股（initial public offerings，IPO），固然造成了六七百家企业"排队"候审 IPO，但并未影响 2013 年创业板总市值和平均市盈率的攀高。2014 年 4 月 30 日中国证监会正式重启 IPO 发审会，全年成功登陆创业板的企业共 51 家，总市值 21 850.95 亿元，较 2013 年增

---

① 冷万欣. 2014 年中国吸引外资规模跃居世界第一. 中国产经新闻报，2015-02-03.

长 44.79%。深圳证券交易所提供的创业板上市公司 2015 年三季报的数据显示，截至 2015 年 10 月 30 日，创业板共有 490 家上市公司，总发行股本为 1 741.48 亿股，上市公司市值总价为 45 473.11 亿元，而 5 年前刚刚成立的创业板总市值仅约为 1 500 亿元。

发展至今，现已上市的创业板企业已全面覆盖三大产业的 40 多个行业，其中以互联网、电信及增值服务、IT、金融等行业居多。另外，据不完全统计，首批挂牌创业板的 28 家企业中有 12 家曾获得创业投资的资金支持，累计投资金额 6 383 万元[①]。截至 2014 年年底，挂牌上市的公司共有 406 家，其中有风险资本支持上市的企业就有 262 家，占比 64.5%，见表 1-1 和图 1-1。

表 1-1　2009~2014 年创业板上市企业个别指标变化情况

指标名称	2009 年	2010 年	2011 年	2012 年	2013 年	2014 年
上市公司数/家	36	153	281	355	355	406
比年初±/家	—	117	128	74	0	51
增减/%	—	325.00	83.66	26.33	0.00	14.37
总市值/亿元	1 610.08	7 365	7 433.79	8 731.2	15 091.98	21 850.95
比年初±/亿元	—	5 754.92	68.79	1 297.41	6 360.78	6 758.97
增减/%	—	357.43	0.93	17.45	72.85	44.79
平均市盈率	105.38	78.53	37.62	32.01	55.21	64.51
比年初±	—	−26.85	−40.91	−5.61	23.2	9.3
增减/%	—	−25.48	−52.09	−14.91	72.48	16.84
IPO 筹资额/亿元	204.09	963	791.47	351.49	0	159.46
同比±/亿元	—	758.91	−171.53	−439.98	−351.49	159.46
增减/%	—	371.85	−17.81	−55.59	−100.00	−
创业板指数 P	—	1 137.66	729.5	713.86	1 304.44	1 471.76
比年初±	—	—	−408.16	−15.64	590.58	167.32
增减/%	—	—	−35.88	−2.14	82.73	12.83

资料来源：根据深圳证券交易所 2009~2014 年深圳证券市场概况整理得出

由此可以看出，无论从规模还是增速来看，我国创业板的逐渐成熟极大地促进了我国资本市场的进一步发展，与此同时，风险投资对企业在创业板上市也发挥着不可或缺的重要作用。然而，相较于主板市场，创业板入市门槛低，且上市企业多处于成长期，具有规模较小、经营业绩不够稳定等特点，在发展过程中呈现出"三高"的典型特征，即高度的不确定性、高度的成长性和高度的信息不对称性，其风险更大。2008 年 9 月 20 日，首家在东京证券交易所创业板上市的风险投资企业——

---

① 深交所上市推广部. 首批 28 家创业板上市企业基本情况. 深交所，2009，（11）：37-42.

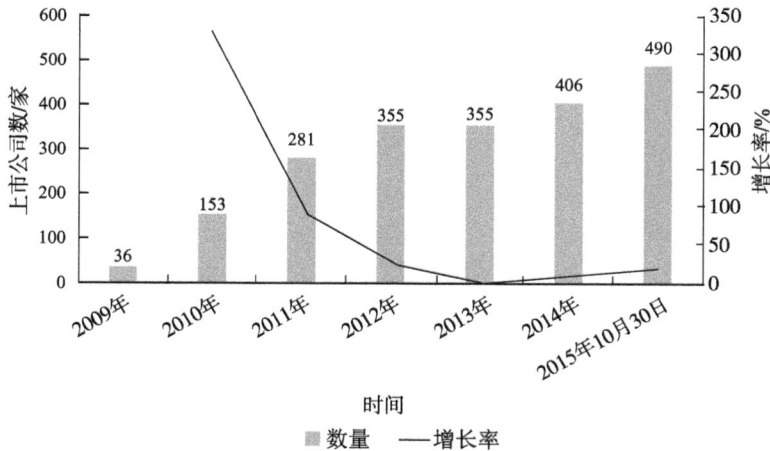

图 1-1　2009~2015 年创业板上市企业存量变化情况

2013 年 IPO 暂停审核，故创业板上市公司增加数量为零

亚洲互动传媒有限公司在上市一年后便被摘牌，原因是该公司 CEO（chief executive officer，即首席执行官）也是创始人挪用公款 1.06 亿元违规进行第三方债务担保。因此，为了创业板市场的规范运作和健康发展，需要强化监管手段，提高信息透明度，同时需要加强对上市企业的内部治理。

1.1.4　风险投资管理制度的建设

中国政府部门高度重视风险投资的发展，2007 年国务院总理温家宝在《政府工作报告》中指出，"积极发展创业风险投资"，这促使了一系列促进风险投资发展的政策和措施的出台。例如，2006 年新修订的《中华人民共和国合伙企业法》增加了有限合伙企业这一重要内容，为中国风险投资机构采用有限合伙制提供了法律基础；2007 年颁布《科技型中小企业创业投资引导基金管理暂行办法》；2009 年推出创业板市场；2014 年中国证监会发布第 99 号令《首次公开发行股票并在创业板上市管理办法》及第 100 号令《创业板上市公司证券发行管理暂行办法》，这些都为中国风险投资的发展提供了良好的宏观环境。然而，风险投资的发展不仅需要宏观环境的支持，还需要风险投资微观制度的促进，国外理论和实务界都非常注重风险投资发展微观制度的建设就是很好的例证。随着中国风险投资的发展，加强微观制度的构建和研究是必然的趋势和需要。财务治理是风险资本高效运作在微观层面上的制度基础，建立风险资本投资者、风险投资家和风险企业家三个利益主体之间的有效的利益制衡与激励机制，是风险资本运作成功的关键性制度安排。因此，系统研究风险投资中委托代理风险下的财务治理关系，能够很好地指导风险投资机构和企业有效解决风险投资运营过程中的财务问题，促进中国风险投资的可持续发展。

从梳理风险投资相关文献看，国内研究偏重于对宏观问题的研究，包括对风险投资发展的宏观条件、宏观运行机制等方面的探讨。近年来，国内对风险投资的研究开始由宏观转向微观方面，有关风险投资的运作机制、内部管理的研究逐渐增多。但是，对风险投资财务问题的研究还有待加强，尤其是风险投资财务治理问题的研究。目前，关于风险投资财务治理研究存在以下不足：缺乏对风险投资财务治理特性的研究；缺乏对风险投资双重委托代理关系财务治理的综合研究；研究方法多为规范研究。公司治理是现代企业制度研究的热点，财务治理是公司治理的核心和各方权力配置的焦点。研究风险投资双重委托代理关系的财务治理，是对风险投资微观研究的丰富和对原有风险投资理论的充实，势必推进风险投资微观层面的研究向纵深发展。

1.2 研究现状与述评

1.2.1 国外研究现状

美国、欧洲等国家和地区风险投资业发展迅速并且逐渐成熟，这得益于其在风险投资治理结构上的一系列制度创新。20 世纪 70 年代新制度经济学研究的兴起，标志着西方经济理论和财务思想进入一个重要的变革时期，新制度经济学中产权理论、交易成本经济学理论、契约经济学理论、不对称信息理论等的建立促使"委托—代理""动机""激励""公司治理"等概念出现在学术文献中；与此同时，在 70 年代的美国，与高技术产业有关的风险投资得以迅速扩张，与风险投资有关的学术研究也逐渐发展起来。国外理论界对风险投资的研究大致可按照风险资本从筹集、投资再到退出三个阶段进行梳理归纳。

1. 风险资本筹集阶段

对风险资本筹集阶段的研究主要集中在风险投资机构的组织形式和风险投资家的行为约束上。Sahlman（1990）详细地描述了风险投资运作的方式，认为风险投资机构有多种形式，包括投资公司、大银行及私人有限合伙公司等，有限合伙制是其中最重要的组织形式。Gompers 和 Lerner（1996）深入分析了美国有限合伙协议中的 140 项限制条款，其中涉及对风险投资家行为约束的主要条款包括：对投资规模的限制，对后续基金投资于同一控制下合伙基金的投资组合的限制，对投资收益再投资的限制，对向投资项目投入个人资本的限制，对风险投资家筹资的限制，对投资资产种类的限制，以及对投资行业的限制等，这些限制条款与风险投资家可能进行谋取私利的机会主义行为相联系。由此可以看出，基于有限合伙协议或合同的有限合伙制能够通过契约安排来发挥其治理约束作用，这种组织形式本身存在一定的特点和优势。Diamond（1991）认为在完全竞争市场条件下，声誉对风险投资家在市场上募集风险资本有重大影响；Gompers 和 Lerner（1996）也认为风险投资家的首期业绩将成为投资者衡量其技能水平的依据。这是基于资本结构信号模型理论的分析，在非对称信息条件下，资本结构是企业向市场传递关于企业真实价值的信号；而对于风险投资家来说，声誉则是其自身向风险投资家市场传递关于其自身能力与价值的最有效"信号"。风险投资家在风险投资的初期，往往基于建立声誉的考虑，愿意接受较低的报酬。风险投资家参与投资的风险投资企业失败过多，则他们声誉将受损，以后很难再募集到资金或加入其他风险投资公司。

2. 风险资本投资阶段

Thakor 等（1990）分析了风险投资家和风险企业家（venture enterprise，VE）之间的契约关系，并提出了一个代理模型。他们认为风险投资家和风险企业家均有能力控制企业，但风险企业家的能力在签订契约时并不明确，这使双方在投资开始阶段即存在着不对称信息。随着投资的进行，风险企业家能力逐步显现，从而决定了下一投资阶段企业的控制者。风险投资家与风险企业家之间的契约中存在明确的条款以保证风险投资家具有控制权，一旦风险企业家表现不佳就会被更换。Hellmann（1998）解释为什么、什么情况下风险企业家自愿放弃风险投资企业的控制权，而风险投资家经常拥有风险投资企业的控制权，包括解雇风险企业家。控制权能够防止风险投资家被套牢，因此，控制权极大地激励着风险投资家主动寻找优秀的管理团队。风险企业家的财富约束使其愿意放弃控制权，即使放弃控制权会使其从公司失去更多的私人利益，这也解释了为什么风险投资企业接受风险投资家的股票投资和低的离职金。Kaplan 和 Strömberg（2003）对风险投资家和风险企业家的契约与现存的各种金融契约进行比较，认为风险投资最突出的特点是风险投资家能够将现金流的各种控制权相分离，如表决权、清算权等，这些权利根据经营业绩变化而变化。当企业的业绩较差时，风险投资家获取全部控制权；当企业的业绩较好时，风险企业家将获取更多的控制权，风险投资家保留现金流分享权利，放弃大多数控制权和清算权利。

Repullo 和 Suarez（2004）研究了在多阶段投资和双边道德风险情况下，风险资本投资的最优证券设计。研究表明，如果后续投资的相关条件是可审查的，那么最优的证券应该能够给风险投资家一个先前设定好的固定回报，否则双方之前在创立时签订的合同将要重新谈判。Gompers（1992）把对风险投资企业的分阶段资本注入策略看做一种实物期权，认为该策略能够使风险投资家停止向失败项目注入资金，从而平衡相应的监控成本。Lerner（1994）检验了上市前271家生物技术企业的651轮投资，发现基本上都存在联合投资，甚至在首轮投资中也是如此。Antweiler 等（2002）通过实证研究来检验选择性假说和价值增值假说后得出：联合投资相对于仅由一个风险投资者的单独投资，会带来更高的收益。Gerasymenko和Gottschalg（2008）分析了以前联合投资的存续时间，认为风险基金的投资经验和资金实力是联合投资的重要影响因素。同时他们研究了联合投资的业绩对风险投资基金业绩的影响，发现如果联合投资资金在全部投资资金中占有较高比例，则投资业绩也会更好。Sander 和 Kõomägi（2007）分析了爱沙尼亚私有的风险投资对私有企业投资的控制权分配问题。风险投资家积极参与监督和管理委员会，拟定详尽的包括否决和附加条款在内的投资协议来增加其影响力，以保护自己作为小股东的利益。Suchard（2009）研究探索了552家IPO企业中风险投资家在投资委员会的作用，研究表明，风险投资家利用自己的网络聘请独立的有经验的董事来提高公司治理水平。

3. 风险资本退出阶段

Black 和 Gilson（1998）提出退出方式的选择对风险企业家和风险投资家之间的关系有着重要的影响。Berglof 和 von Thadden（1994）也认为退出战略的选择是风险投资家和风险企业家减少冲突的办法。Black 和 Gilson（1998）通过对比美国、日本和德国的金融体系对发展风险投资的影响后指出，美国风险投资合同中，风险企业家可以获得一个期权，通过IPO重新掌握公司的控制权，从而对风险企业家形成激励，这是德国和日本金融体系所不能提供的。Cumming 和 Johan（2008）用1991~2004年加拿大风险资本退出的数据，从理论和实证两方面研究了信息不对称和代理成本对风险资本退出的影响。如果风险投资家能够更好地减轻信息不对称和代理成本，风险资本将获得更好的退出收益。信息不对称和代理成本的问题可以通过风险投资家和风险企业家的个性及融资结构来缓解。实证结果表明，减轻信息不对称和代理成本的能力是影响风险资本退出效率的核心因素。Campbell 和 Frye（2009）研究风险投资家的参与、素质和退出对风险投资企业上市和上市后治理结构的影响。有风险资本支持的风险投资企业在上市时会受到更多的公司治理方面的监控，但是这种差异会逐渐消失。尽管这种差异带来的影响很短暂，但好的风险投资机构支持的上市企业的治理水平优于差的风险投资机构支持的企业。最后，风险资本的退出会在很大程度上改变风险投资企业的治理结构，企业的治理水平会随着风险投资的退出而下降。

近年来，也有学者研究了宏观环境对风险投资治理的影响。例如，Bottazzi 等

（2009）研究发现，在优良的法律系统的保护下，投资者给予更多的非契约支持，要求更多的损失保护。作者还做了两组固定效应回归，发现在决定投资行为时，投资者法律系统比公司法律系统更加重要。Cumming 等（2010）使用 1971~2003 年美洲、欧洲和亚洲的 39 个国家中 3 848 家公司的数据，证明各国在法律起源和会计准则等方面的差异对风险投资企业的治理结构具有显著的影响：好的法律风险投资交易、更高的联合投资概率和低有害的联合投资可能性，有利于投资决策委员会更好地代表风险投资机构的利益。

国外文献梳理结果表明，国外学者对风险投资中的两个重要载体都进行了研究，研究范围涵盖风险投资机构组织形式、风险投资家行为约束机制、风险投资企业契约治理、投资方式、投资工具、退出机制等多个方面，研究方法以实证研究为主。但这些成果散见于公司财务和公司治理的研究中，并未提出明确的财务治理概念或风险投资财务治理概念，更未形成系统的理论体系。

1.2.2 国内研究现状

在财务治理方面，国内学者对财务治理理论进行了深入研究，并形成了一些有代表性的观点，弥补了国外理论研究的不足；在风险投资方面，由于风险投资在我国出现的历史不长，因此对其理论研究起步较晚。起初，国内对风险投资的宏观问题研究较多，主要集中在风险投资发展的政策法律环境、国内外风险投资发展的比较、风险投资的退出途径和创业板市场的建设等。近些年，风险投资市场虽日渐兴盛，但微观运作中存在的问题也频频暴露，因此一些国内学者逐渐将视角转移到微观层面，开始对风险投资的运作机理、契约安排、财权配置、治理效率等方面进行研究。

1. 财务治理理论的形成与发展

1997 年汤谷良教授首先建立对财务的产权思考，将产权经济学引入财务领域，其经营者财务论认为法人财产权的确立和运行是经营者财务产生的客观基础。同年，谢志华教授、王斌教授又在《会计研究》上同期发表了《出资者财务论》《现金流转说：财务经理的财务观点》的论文，这几篇论文系统地提出了在财务理论界影响广泛的"财务分层理论"，指明公司财务应具有层次分明、相互制衡的特点，财务分层理论成为财务治理重要的理论基础之一。杨淑娥和金帆（2002）从静态和动态两个角度阐述对财务治理的理解：静态理解表现为财权配置结构和权力分布状态上；动态理解则表现为财权配置中相互制衡的过程和激励约束机制的形成、新的融资结构的形成和对现有资本结构的调整及改善、扩容和收缩导致的公司治理结构的变化、因适应经营发展使公司财务集权与分权交替引起的财务治理结构的调整等。李心合（2003）将利益相关者产权理论和利益相关者管理理论引入财务研究，提出利益相关者财务的概念，将参与财务治理的主体扩大到债权人等利益相关者。在国内外研究成果的基础上，伍中信（2005）对现代公司财务治理理论的形成与发展做出梳理，并提出总结性的论述：财务治理结构是财务治理的实现方式，同时又是一个系统的理论体系，是以财权为基本纽带，以融资结构为基础，在股东为中心的共同治理理念的指导下，通过财权配置形成有效的财务激励与约束机制，实现相关者利益最大化和企业决策科学化的一套制度安排。随着财务治理理论的补充与发展，财务治理以财权理论为基础理论、以财权配置为核心、以财务治理结构和财务治理机制为主要治理内容的观点逐渐被学术界认可，形成各有侧重的研究成果。

2. 风险投资机构财务治理研究

国内学者对风险投资机构的研究仍然以借鉴国外研究成果为主，同样集中于组织形式和对风险投资家激励约束机制两方面。谈毅和冯宗宪（2000）研究发现，目前国内投资基金业对风险投资家较多采取的是收益分成制，由于契约规定基金经理人的报酬是按照资产净值的 1% 来确定的，因而基金管理公司的未分配利润对基金经理人的报酬影响极其微弱，这种制度安排不能为经理人谋求基金利润最大化提供足够的激励。作者建立的风险投资家报酬模型中，使风险投资家的报酬与风险投资业绩高度相关，这种以利润分配的形式对风险投资家进行补偿是激励风险投资家的中心环节。费威和夏少刚（2009）通过建立优化模型分析风险投资机构组织形式的选择，认为公司制风险投资机构激励约束机制和代理成本等方面存在弊端；有限合伙制降低了风险投资活动中的交易成本和运作成本，成功地实现了资金和人才的有机结合，更好地解决了风险投资中的激励约束机制问题。曹凤鸣和颜晓燕（2011）从监督和激励机制方面详细分析了有限合伙制风险投资机构的治理机制问题，体现了有限合伙制自身存在的制度优势，也验证了前一观点。也有学者"独辟蹊径"，从新颖的角度研究风险投资机构。例如，潘庆华和达庆利（2006）分别从基于风险的观点和基于资源的观点探讨了风险投资机构联合投资的动因，并对不同的风险投资机构联合投资的动因进行了区分。在此基础上，论证了联合投资促使风险投资网的形成以及在此网络中牵头风险投资机构和其他风险投资机构长期合作的稳定性。

3. 风险投资企业财务治理研究

风险投资家与风险企业家之间委托代理关系的治理是风险投资成功运作的关键，因此，这种委托代理关系较早地成为国内学者的研究重点。张帏和姜彦福（2002）利用 Tirole（2001）模型分析了风险投资企业难以获得风险投资的原因，通过引入连续控制权变量，对模型进行拓展，导出风险企业家为了获得风险投资所必须放弃的控制权的均衡解，并分析了风险企业家所拥有的非人力资本数量、管理企业时的非货币性收益、创业管理团队的声誉好坏等重要因素对风险投资企业控制权配置的影响。从静态来看，风险企业家控制权随所拥有的非人力资本的增加而增加，随管理企业的个人非货币性收益增加而减少；从动态角度分析，随着风险企业家的人力资本逐步转化为实际资产，其必须放弃的控制权将相应减少。安实等（2004）通过构造风险企业家和风险投资家的效用函数，分析风险企业家和风险投资家的目标函数和约束条件，建立了控制权分配模型并设计了相应的算法。模型求解实现了风险投资家和风险企业家的期望效用最大化，按照最优解分配控制权则能够在保证投资人利益的同时最大限度地促进风险投资企业成长。张汉江等（2001）建立了不同风险投资阶段风险投资家和风险企业家之间的数量模型，得出风险投资家在风险投资企业中所占股权不能超过 50%，并且随着风险投资企业的发展，风险投资所占的股权比例越来越小等有意义的结论。但是风险投资企业的最优融资合约是什么呢？郭文新和曾勇（2009）基于双边道德风险框架研究了创业者的融资合约，认为风险投资家设计的合约须诱导双方的最优努力，最优的风险投资合约是可转换优先股，即存在某个利润水平，当低于这个利润水平时，风险投资家获得企业的全部利润，高于这个利润水平时，风险投资家将优先股自动转换为普通股。

随着国内财务治理理论和财务治理体系相关研究成果的发展成形，风险投资企业财务治理研究内容也不断丰富。李金龙等（2006）结合美国硅谷的实际情况，基于不完全合同理论从联合投资和创新激励二者之间的关系展开研究，通过建立两期模型研究认为，合同不完全正是导致风险投资家发生窃取行为的客观原因。这种情况下，风险企业家和风险资本双方的努力投入是不足的；而通过联合投资可以使投资双方的努力投入达到最优，并给出了最优的联合投资规模。曹国华和潘蓉（2007）分析风险投资家与风险企业家双边道德风险和双边逆向选择，认为风险投资家通常通过分期投资、可转换证券、参与管理相机治理来减轻风险企业家的道德风险；可转换证券、市场声誉机制和股权回购等治理机制则是对风险投资家道德风险的有效防范。沈维涛和胡刘芬（2014）通过建立模型着重分析了风险资本联合投资对风险投资企业董事比例和高管薪酬业绩敏感性的影响，得出联合投资能够提升风险投资企业治理水平的结论。

尽管风险资本在我国资本市场上犹如"异军突起"，但我国风险投资介入对一些中小企业公司的治理效果并不明显（靳明和王娟，2010），这其中不乏整体大环境的影响，即我国资本市场尤其是风险资本市场的不成熟、不完善，但风险投资本身存在的治理问题也不容忽视。财务治理是企业治理的核心和重要组成部分，风险投资财务治理则是风险投资治理的内核，研究风险投资财务治理并形成体系，既是对风险投资微观研究的充实与丰富，也对提高我国风险资本投资效率有重要意义。

1.2.3　研究述评

国内外现有研究成果为本书提供了良好的基础和启示，但总体而言，国外虽有较为成熟的公司财务理论和公司治理理论，但对风险投资的财务治理研究主要从单个方面进行，如在投资方式、投资工具等方面进行的实证研究；且有关财务治理的研究成果散见于公司治理和资本结构治理中，未系统地形成完整的理论体系。国内学者做出有益的探索和尝试，形成有代表性的观点并尝试构建完整的财务治理理论体系，一定程度上弥补了国外理论研究中的不足；但国内学术界对财务治理的研究事实上以国有企业"产权主体缺失"、财权配置不当等现实问题为起点，对风险投资的研究仍以借鉴国外经验为主，结合我国现实风险投资环境和风险资本特性进行风险投资双重委托代理关系下联动财务治理的研究明显不足。

综合国内外现有研究成果，我们认为仍存在以下四点不足。

第一，缺乏区别于一般公司财务治理的风险投资双重委托代理关系下财务治理特殊性的研究。

第二，没有研究在双重委托代理下风险投资财务治理涉及的财务契约、融资安排、财权配置、收益分配、激励约束等多个方面的多层耦合、制约与联动关系。缺少对这种有机联系的系统研究，也就没有建立起风险投资中双重委托代理风险下的财务治理机制与框架体系结构。

第三，国内外分别研究了两个委托代理关系的治理，即初始投资者与风险投资家、风险投资家与风险企业家之间的治理，而对"最初始委托人—初始投资者"与"最终代理人—风险企业家治理"的传导性，或者说间接的治理却鲜有研究。

第四，国内对风险投资财务治理的研究大部分是以美国或欧洲的西方政治经济环境为制度背景，没有从我国政治经济环境背景出发来研究风险投资财务治理的若干问题。

1.3　研究思路与研究方法

1.3.1　研究思路

首先，采用实地调研、专家访谈等方式，对我国风险投资财务治理实践进行考察。通过典型案例研究，了解我国风险投资中财务治理环境、财务治理结构、财务治理模式和风险投资各方财务契约的设计等状况，以准确分析我国风险投资财务治理现状。

其次，在现实考察的基础上，从组织结构、分阶段投资、相机治理等多方面深入总结分析风险投资中双重委托代理风险下财务治理的特性，以便能对我国风险投资财务治理体系的建立提出更具针对性和科学性的建议。

最后，分别以风险投资中双重委托代理关系的两个载体，即风险投资机构和风险投资企业为中心建立相应的财务治理体系，并进行实证检验。同时，对风险投资机构和风险投资企业的财务治理在两者间的传导效应进行研究，剖析风险投资综合财务治理的过程。

1.3.2　研究方法

本书拟采用规范研究、专家访谈、实证研究、典型案例研究等方法进行研究；对数据的分析，本书使用多元统计分析、回归分析等方法，具体情况如下。

1. 规范研究

自研究以来，广泛收集相关文献，并追踪风险投资领域研究前沿，共查阅风险投资、财务治理、公司治理中文文献 507 篇，外文文献 102 篇，相关著作 53 部，风险投资年鉴 4 部。在梳理文献和相关资料的基础上，对风险投资财务治理的特性进行分析，分析的方面主要包括有限合伙制、财务契约的特殊性、组织结构、相机治理、分阶段投资和联合投资等。国外注重风险投资微观层面的研究，对风险投资治理的研究相对成熟，查阅外文文献，研究国外风险投资发达地区财务治理的经验，同时归纳借鉴国外在该领域的研究方法，为本书打下了基础。本书的重点部分——风险投资机构和风险投资企业财务治理研究正是以文献梳理和理论研究基础的。

2. 实证研究

本书对我国风险投资财务治理进行实地调研、专家访谈等，对我国风险投资财务治理现状进行研究，通过典型相关分析方法，研究影响风险投资机构和风险投资企业财务治理的主要因素，剖析现状及问题。根据实证结果和国外风险投资财务治理的经验借鉴，构建风险投资机构和风险投资企业财务治理框架，建立多元回归模型，利用调查数据和创业板风险投资数据进行实证检验。

3. 典型案例研究

采用典型案例法,对风险投资双重委托代理综合治理研究中建立的双重委托代理财务治理传导效应模型进行实证检验。

按照本书的过程与方法,绘制技术路线图(图1-2)。

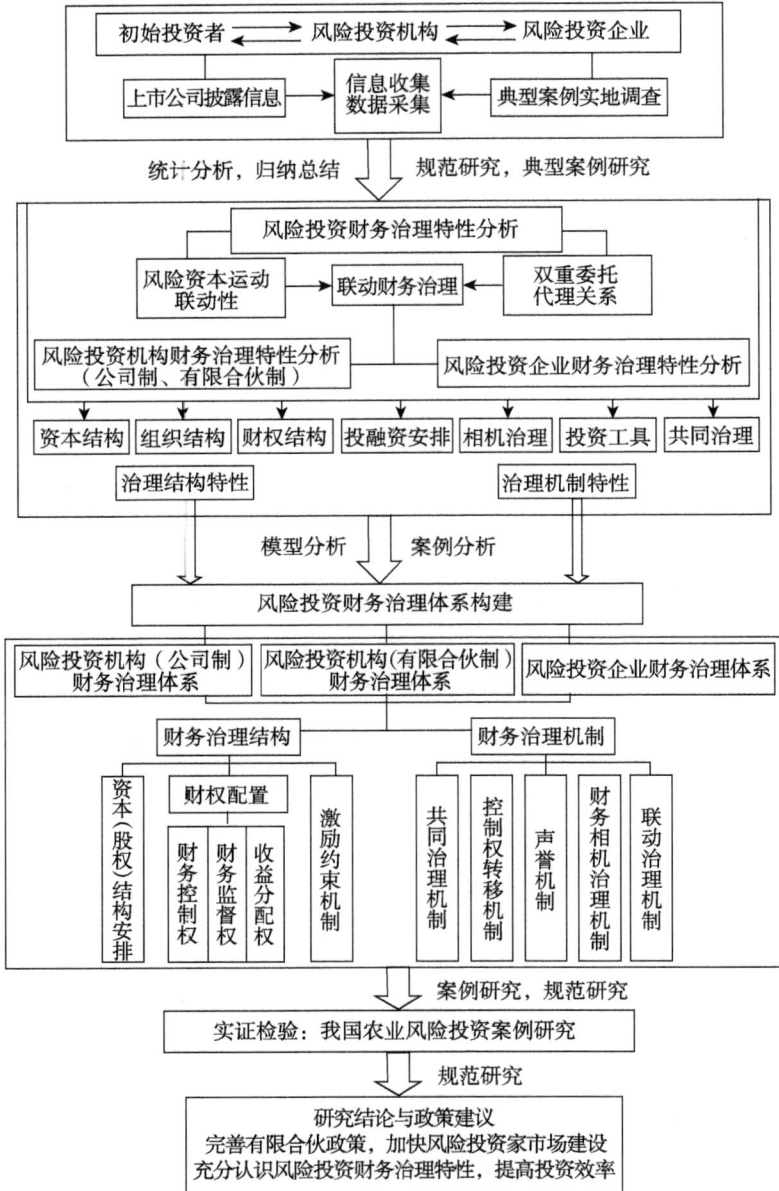

图 1-2　技术路线图

1.4 可能创新点

1. 从新的视角研究财务治理

本书把财务治理的理论研究应用到风险投资委托代理链上的多个企业,拓展了财务治理的研究领域。以风险投资中委托代理链上的初始投资者、风险投资机构、风险投资企业三者构成的企业组为研究视角,以企业组内部各企业之间的委托代理关系联动而带来的财务治理联动为基础,研究风险投资财务治理机制。

2. 充实和完善了风险投资财务治理的研究构架

第一,本书创新地对初始投资者、风险投资家和风险企业家之间财务治理的联动影响进行了剖析,提出风险投资中双重委托代理关系下的风险资本运动具有联动性,其委托代理关系也具有协同联动效应;第二,以风险投资双重委托代理关系下各主体的财务治理之间存在相互影响及传导效应为前提,系统地对风险投资企业财务治理特性进行了研究。

3. 对农业领域风险投资财务治理的实证研究

本书在充分考虑风险投资机构和风险投资企业联动特性的前提下,构建了风险投资财务治理体系,并以农业领域的风险投资机构和风险投资企业,即深圳达晨创业投资有限公司(简称达晨创投)及其投资的福建圣农发展股份有限公司(简称福建圣农)为研究对象,验证了财务治理体系的科学性与适宜性。

第2章 风险投资财务治理理论

2.1 委托代理理论

2.1.1 风险投资概述

1. 风险投资概念

风险投资，也叫创业投资。根据 NVCA 的定义："风险投资是由职业金融家投入新兴的、迅速发展的、有巨大竞争潜力的企业的权益资本。创业投资是企业主早期股权资本的重要来源。"而我国《创业投资企业管理暂行办法》[①]中将创业投资界定为"创业投资，系指向创业企业进行股权投资，以期所投资创业企业发育成熟或相对成熟后主要通过股权转让获得资本增值收益的投资方式"。本书认为，风险投资是初始投资者把资金交给风险投资机构，委托风险投资家经营和管理并获得相应的收益回馈，风险投资家经过仔细筛选、决策后将资金、自己的专业知识和管理经验投资于风险投资企业，通过风险投资企业的经营和发展，风险资本得到价值增值，再流至风险投资机构的过程。

风险投资有五个显著特点[②]：第一，投资风险高。风险资本主要投资于高新技术或产品，技术和市场相对不成熟，面临较高的风险。第二，风险投资是长期投资。风险投资的回收期较长，一般要投资三年以上才能通过上市或股权转让等方式退出并获取收益。第三，风险投资是权益投资。风险资本是一种股权资本，而不是债务资本，因此，这决定了风险投资着眼于被投资企业或行业的发展潜力。第四，风险投资是专业投资。风险投资家不仅要向风险投资企业提供发展所需资

[①] 《创业投资企业管理暂行办法》由国家发展和改革委员会等十部委联合起草，经国务院批准后于 2005 年 11 月 15 日发布，2006 年 3 月 1 日实施。

[②] 成思危. 成思危论风险投资. http://news.xinhuanet.com/theory/2008-05/12/content_8149448.htm, 2008-05-12.

金，而且需利用他的才能、管理经验及丰富的社会资本，积极参与风险投资企业的管理，尽力帮助创业者取得成功。因此风险投资家不仅要有投资、金融方面的学识，还要有管理和投资等方面的实践经验。第五，组合型投资。风险资本通常是投资于多个项目，甚至多个行业，采取组合投资方式以减少投资风险。

2. 风险投资与一般投资

这里的一般投资是指企业间发生的以成熟项目为对象的投资，该投资往往只涉及投资人与被投资人。这样的投资一般投向于市场发育成熟、投资收益相对稳定的企业，一般投资的形式通常包括债务投资、普通股权投资等。这些投资的利息收入或股息收益占整个投资收益的比例较大。因此，一般投资往往追求投资的安全性，投资者一般不参与被投资企业的管理，但采取措施监督企业的运行，被投资企业情况发生变化时再做出反应。当被投资企业的收益大于或等于预期投资收益时，投资者给予企业管理层的压力较小；反之，投资者给予企业管理层的压力较大。

风险资本投资的对象往往是新兴的、不成熟的高新技术产业等，而且涉及初始投资者、投资机构、投资企业三方，其与一般投资的区别概括如表 2-1 所示。

表 2-1　风险投资与一般投资的区别

比较项目	风险投资	一般投资
目标	高额资本收益	日常利息与资本收益的结合
投资过程表现	消耗现金	产生现金流
典型的投资结构	绝大多数都是股权投资	债权与股权的组合
收益获取	不稳定	正常稳定
与投资对象从事的经营管理活动的关系	积极主动参与	一般不参与
投资形式	分阶段多次投资，有时间期限	一次性
投资主体的组织结构	独特，常为有限合伙制	大多为公司制或基金方

资料来源：吉寿松（2001）

风险投资以其谋求长期资本收益、分散投资、专业化管理的特点适应了高新技术产业的资金需求，以其特别的投资方式、合同方式、组织架构部分地解决了信息不对称和激励约束不当所带来的问题，而同时高新技术企业高成长、高收益的特点也使其成为创业投资实现自身目标时的首选对象。

3. 风险投资与私募股权投资、天使投资

1）私募股权投资与风险投资的区别

私募股权投资（private equity，PE）是指通过私募形式对非上市企业进行的权益性投资，在交易实施过程中附带考虑了将来的退出机制，即通过上市、并购或管理层回购等方式，出售持股获利。

根据企业管理理论，一般企业的发展要经过种子期、初创期、发展期、成熟期等阶段，在企业的发展过程中融资是每个企业都要遇到的问题，广义上的私募股权投资是指对处于种子期、初创期、发展期、成熟期等各个时期的企业进行投资。而狭义的私募股权投资主要对已经形成一定规模的，并产生稳定现金流的成熟企业的私募股权投资部分，主要是指创业投资后期的私募股权投资部分投资，其中并购基金和夹层资本在资金规模上占最大的一部分。并购基金是专注于对目标企业进行并购的基金，其投资手法是，通过收购目标企业股权，获得对目标企业的控制权，然后对其进行一定的重组改造，持有一定时期后再出售。并购基金与其他类型投资的不同表现在，风险投资主要投资于创业型企业，并购基金选择的对象是成熟企业；其他私募股权投资对企业控制权无兴趣，而并购基金意在获得目标企业的控制权。并购基金经常出现在管理层收购（management buy-outs，MBO）和管理层换购（management buy-ins，MBI）中。国际上对私募股权投资通用的分类方法是以投资阶段为主、投资工具为辅，为此，结合企业发展周期理论，私募股权投资的分类可由图 2-1 看出。

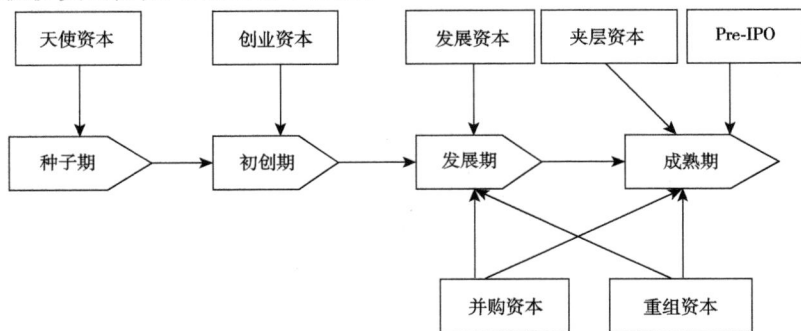

图 2-1　企业的发展与私募股权投资的对应阶段

Pre-IPO 指上市前融资或上市前私募

私募股权投资与风险投资都是对上市前企业的投资，虽然现实中私募股权投资与风险投资的界限越来越模糊，但两者在投资阶段、规模、方式等方面存在差异：风险投资主要投资于早期或成长期的企业，私募股权投资主要投资于成长期、上市前后的企业；风险投资一般是参股的形式，而私募股权投资则通常谋求对被投资企业控股；风险资本的投资规模一般比私募股权投资规模小；风险投资是直接投资，而私募股权投资常利用财务杠杆进行投资。

2）天使投资与风险投资的区别

天使投资（angel investment）为民间资本投融资的一种方式，被称为非正式风险投资（informal venture capital，informal risk capital），是投入新兴的、具有巨大发展潜力企业的一种早期权益资本投资。天使投资一词来源于百老汇，被用来形容资助百老汇演出并承担其中高风险的投资者。因此，天使投资的出资人，即天使投资人一般是事业比较成功的个人，天使投资基本都是个人行为，或者是一些小的投资公司运作。天使投资是私募股权投资最早期的形式，一般只提供企业第一轮的小额融资。与风险投资逐渐走向大型专业化的机构投资者模式相反，天使投资偏向于民间的、小型的、隐蔽的和非正规的投融资方式。天使投资的优势为投资期较早、投资效益较高、投资成本较低及投资决策较快。

2.1.2　风险投资的参与者

风险投资是一种以促进创新经济活动为手段，以高技术、高风险、高成长、高收益为特征，以共享股份为投资形式，以推动经济增长为目的的投融资体系。风险投资的运作一般涉及初始投资者、风险投资家（公司）和风险企业家（企业）三方当事人。

1. 初始投资者

初始投资者是风险资本的供给者。从国外来看，在风险投资的早期，风险资本主要来源于富裕的家庭和个人，他们有大量的闲余资金，通过投资可以实现资金增值。随着风险投资业的发展，政府越发注意到风险资本在科技创新领域的重要作用，出台各种优惠政策支持其发展，因此风险投资也吸引了更多渠道的资金，包括公司退休基金、捐赠基金、社会保险金、金融资本、养老金等。这些初始投资者之所以把资金交给风险投资家（公司）去运作，而不是自己去运作，一般是由于风险投资需要专业的投资技能、管理能力和社会网络，同时，为减少投资风险而进行的组合投资需要更大规模的资金等。

2. 风险投资家

风险投资家是指风险投资公司的经营者和对风险项目进行投资的实际操作者，是风险投资成功与否的关键。

1）风险投资家的职能

风险投资家的主要职能有：筹集风险投资资金；识别和发现投资机会；筛选、评估和投资风险投资企业或投资项目；参与风险投资企业管理，以促进风险投资企业快速成长；策划和实施风险投资的退出。

2）风险投资家在风险投资企业中的作用

风险投资家在风险投资企业中的作用主要表现为两个方面。第一，风险投资家的监督作用。依据委托代理理论，风险投资家与风险企业家之间存在利益冲突和信息不对称，风险投资家通过积极参与风险投资企业的日常经营管理，对风险投资企业和风险企业家进行监督。第二，风险投资家为被投资企业提供增值服务。风险投资企业大多是处于早期发展阶段的中小企业，各项企业制度有待完善，风险企业家的管理能力有待提升。风险投资家是职业的金融投资专家，具有丰富的学识和管理经验，能够为企业决策提供咨询和参考，其增值服务有助于完善企业治理结构，降低企业经营管理风险。

3. 风险企业家

风险企业家是创业者，是高新技术、新方法、新工艺的创造者和拥有者。创业者以自己的高新技术等创立企业，经过一定时期运作，企业迅速壮大并具有巨大发展潜力。同时，高新技术企业在进一步发展过程中可能会遇到资金、管理等方面的瓶颈，这些方面正与风险资本的优势相契合。高新技术企业获得风险资本后，成为风险资本的最终使用者，称为风险投资企业，而高新技术企业的创立者一般继续负责风险投资企业的经营，转变为风险企业家。因此，首先，风险企业家类似于一般企业的企业家，对企业的日常运作、管理承担责任，在企业生产、财务管理等多方面进行决策；其次，风险企业家通常是企业核心技术的开发者和拥有者，在企业技术开发和创新方面扮演关键角色，这也正是风险资本投资后很少更换风险投资企业领导和管理者的重要原因；最后，风险企业家在引入风险资本后，虽然所持股份减少，但仍然是风险投资企业的最大股东或之一，自身利益与风险投资企业发展密切相关。

2.1.3　风险资本的运动原理与内涵

风险资本是投资于高新技术行业中尚未完全成熟的企业或项目的一种高风险、高回报的金融资本。风险资本的最终目标是获取高额的回报，而依据资本的特性，流动性是资本增值的必要条件，资本的价值增值只能在运动中实现。因此，风险资本的运作过程从资金流动的角度看，是风险资本的运动和循环过程。风险资本整个运动可以分为三个阶段，即风险资本筹集阶段、风险资本投资阶段和风险资本退出阶段（图 2-2）。

风险资本筹集阶段，即初始投资者为实现资本增值，与风险投资家签订契约，将资本交予风险投资家运作和管理，他们之间形成风险投资的第一重委托代理关系。

风险资本投资阶段，是风险资本从风险投资家向风险企业家转移的过程。风险投资家将风险资本投入创业企业，与风险企业家的人力资本相融合，成为风险

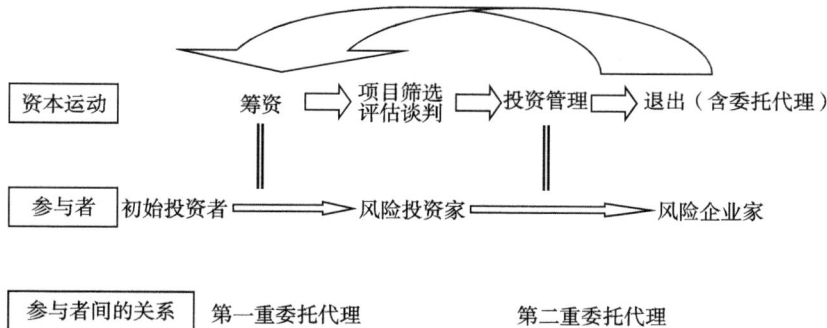

图 2-2   风险资本运动与参与者的关系图

投资企业的基本组成要素。从这一角度来看，风险资本投资阶段是风险投资家将风险资本委托风险企业家来经营管理的过程，这一过程蕴含了风险投资的第二重委托代理关系。在实现资本增值的过程中，除了有风险投资家的风险资本和风险企业家的人力资本的贡献外，风险投资家的管理投入、法律支持及其与风险企业家的合作也起到了很大的作用。因此，在风险投资家和风险企业家的第二重委托代理关系中还同时存在着风险投资家和风险企业家的合作关系。

风险资本退出阶段，是风险资本实现价值并在风险投资参与人之间分配资本收益所得的过程，是风险投资收益从风险企业家逆向转移到风险投资家和初始投资者的过程。退出是风险投资实现投资目标，获取投资收益的关键环节。风险资本成功退出，获取回报，实现增值，再投入新的风险投资企业中，这样形成风险投资的良性循环。风险投资的双重委托代理关系正是在风险资本的筹资、投资和退出过程中形成的。

风险投资参与的三方，即初始投资者、风险投资家、风险企业家，他们作为相互独立的主体，通过风险资本这一纽带联系起来：初始投资者把资金交给风险投资机构，委托风险投资家经营和管理并获得相应的收益回馈；风险投资家经过仔细筛选、决策后，将资金、自己的专业知识和管理经验投资于风险投资企业；风险投资企业获取收益后，向风险投资机构分配利润，而风险投资机构继而向初始投资者再分配收益。这一过程中，除初始投资者收回投资外，初始投资者、风险投资机构和风险投资企业均享受到了风险资本运动过程中的增值。

2.1.4 委托代理理论

委托代理理论起源于专业化的存在，是契约理论最重要的发展之一。它是在20 世纪六七十年代一些经济学家深入研究企业内部信息不对称和激励问题的基础上发展起来的。委托代理理论的中心任务是研究在利益相冲突和信息不对称的环境下，委托人如何设计最优契约激励代理人。委托代理理论的一些基本的委托代理模型包括重复博弈的委托—代理模型（Radner，1981；Rubenstein，1979；Fudenberg et al.，1990；Holmstrom，1982）、委托人道德风险和多代理人模型（Lazear and Rosen，1981；Malcomson，1984）、多任务委托—代理模型（Holmstrom and Milgrom，1991）、多个委托人模型（Bernheim and Whinston，1986；Tirole，2003；Martimort，1996）和最优委托权安排模型（张维迎，1998）等。

委托代理理论的两个基本假定是委托人与代理人之间的利益冲突和信息不对称（刘有贵和蒋年云，2006）。委托人和代理人都是理性经济人，他们追求各自的利益最大化。委托人的利益取决于代理人的努力程度，而代理人的收益则来源于委托人给予的报酬。因此委托人与代理人的利益是不一致的，这时代理人就可能会利用自己掌握的权力和资源牟利，损害委托人的利益，即产生代理问题。调和委托人和代理人的利益不一致需要在两者之间建立相应的契约。委托代理关系中，委托人不能观察到代理人的努力程度，而代理人则完全清楚自己的付出，即委托人与代理人信息是不对称的。代理人倾向于利用信息优势谋取自身利益最大化，这使委托人需要设计激励约束机制，使代理人在付出合理的努力水平下实现委托人利益最大化。

委托人与代理人的利益不一致和信息不对称在经济活动中是普遍存在的，经济活动契约都是信息不对称条件下的产物。委托代理理论就是研究在不对称信息条件下，市场参与者之间存在信息差别的社会契约形式，它是掌握较多信息的代理人与掌握较少信息的委托人之间展开的博弈（郑辉，2007）。代理问题在风险投资中可描述为：风险企业家是信息的强势群体，风险投资家次之，初始投资者是信息的弱势群体，三者的信息极其不对称。在现实的风险投资基金中，三者博弈是一种动态博弈，初始投资者最容易遭受损失，风险企业家更容易获得利益，风险投资家处于动态博弈的中心位置。风险投资家是风险企业家的委托人，容易遭受损失，但作为初始投资者的代理人却容易受益。

2.1.5　风险投资中的委托代理关系

1. 风险投资双重委托代理关系的形成

风险投资的运作彰显了各参与主体的资金、管理、技术、创业精神等要素的结合，资金是风险投资各参与主体的联系纽带。资金的运动过程也是委托代理关系的形成过程（图 2-3）。

初始投资者是向风险投资家提供风险资金的供给者。这些初始投资者之所以把资金交给风险投资家去运作，一般是由于知识的限制和分工的需求、精力的限

第一重委托代理关系　　　　　　第二重委托代理关系

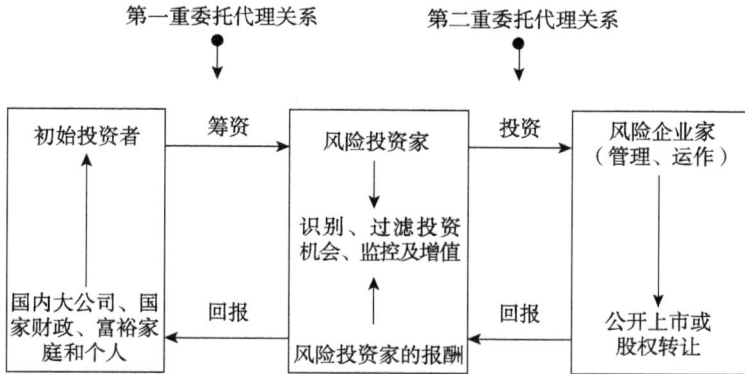

图 2-3　风险资本运动及委托代理关系形成

制和闲暇的需求、资金规模的限制和风险分散的需求等原因。正如 Hart 和 Holmstrom（1986）认为的，委托代理关系起源于"专业化"的存在，当存在"专业化"时，就可能出现代理人由于相对优势而代表委托人行动。初始投资者和风险投资家的委托代理关系的形成正是源于风险投资家的专业化，这种委托代理关系的载体是风险投资机构。风险企业家是掌控有巨大发展潜力企业或拥有某项创新技术的管理者，风险投资家将募集的货币资本和自身的人力资本投入其中，和风险企业家构成风险投资中的第二个委托代理关系，关系的载体是风险投资企业。

风险投资中，风险资本通过对风险投资企业的权益投资，为风险投资企业的发展提供融资和增值等服务，最后通过股权转让和上市退出获得高额回报，从而实现风险资本的增值。因此，风险投资中更多地表现为风险投资家和风险企业家之间的委托代理关系。但实际上风险投资家作为委托人并不是最初的委托人，风险投资家其实也是受人委托，那么最初的委托人是谁呢？风险资本投资退出风险投资企业（各个项目）获得高额回报后需要分配给风险机构的所有者，这些所有者就是初始投资者。如果把风险机构和风险投资企业看做一个整体（或者集团），初始投资者无疑是风险投资委托链的最初委托人，风险投资家相当于中介的角色，风险企业家则是最终的代理人。

综上，依据委托代理理论，风险投资正是三个参与主体的两次专业化分工，形成双重委托代理关系的过程：第一次专业化分工是初始投资者将资金交给专业的风险投资家（职业金融家）进行管理，形成一重委托代理关系，初始投资者是委托人，风险投资家是代理人；第二次专业化分工是风险投资家将募集的资金提供给专业的风险企业家具体使用，形成另一重委托代理关系，风险投资家是委托人，风险企业家是代理人。从整个风险投资来看，初始投资者是出资人，风险企业家是资本的最终使用者，两者形成委托代理关系。因此，风险投资双重委托代理关系不是孤立的，它们之间存在着深刻联系。这种双重委托代理关系的联动是风险投资委托代理关系的特性，并对后文所研究的财务治理产生重要影响。

2. 委托代理关系中的信息不对称

信息不对称是指在社会经济等活动中，一些成员拥有其他成员无法拥有的信息，由此造成的信息不对称，能产生交易关系和契约安排的不公平或者市场效率降低的问题。Akerlof（1970）、Spence（1973）和 Stiglitz（1996）在信息不对称方面的研究做出了巨大贡献。信息不对称理论认为现实生活中市场主体不可能占有完全的市场信息，信息不对称必定导致信息拥有方为自身牟取更大的利益而使另一方的利益受到损害；买卖双方中拥有信息较少的一方会努力从另一方获取信息；市场信号显示在一定程度上可以弥补信息不对称的问题。

风险投资形成了双重委托代理关系，三个参与交易的主体之间同样存在信息不对称。初始投资者与风险投资家、风险投资家与风险企业家之间存在的信息不对称，造成某些参与主体的利益受到损坏，使各参与主体对风险投资市场交易缺乏信息，影响风险投资业的发展。风险投资财务治理的研究目的就是通过合理配置委托代理关系中各主体间的权力，以减少信息不对称。

1）初始投资者与风险投资家的信息不对称

初始投资者将资金交给风险投资家进行管理和投资，初始投资者对风险投资家能力、职业操守等的了解和信任程度，决定了初始投资者对风险投资家的选择。但是，由于信息不对称，初始投资者无法甄别风险投资家的真实能力，给潜在不诚实的风险投资家歪曲信息的机会，导致风险投资家市场的"逆向选择"。专业的风险投资家从初始投资者手中募集到风险资本后，进行项目选择、后续运作等，而初始投资者无法完全监督及洞悉到风险投资家的投资过程和努力的程度，这可能导致风险投资家不能尽职或做出不利于初始投资者的行为（例如，风险投资家努力水平投入不足，未履行向风险投资企业提供有效增值服务的承诺等），损坏初始投资者的利益，即产生"道德风险"。"逆向选择"和"道德风险"从宏观上扭曲市场的资源配置，微观上则损坏初始投资者利益，不利于风险投资市场的发展。

2）风险投资家与风险企业家的信息不对称

风险投资家完成资金筹集后进入风险资本的投资阶段，需要对风险投资企业进行考察和评估。风险投资企业多为高新技术企业，具有不成熟性、复杂性和专业性等特点；而风险投资企业的创立者为获得风险资本，更倾向于隐藏对自己不利的信息，夸大自己的管理能力和企业优势，风险投资家处于信息劣势，导致"逆向选择"的发生。例如，对风险投资者来说，在难以判断投资对象质量的优劣时，通常会采用较保守的折现率，使风险资本成本随之增加，这样更有可能触发风险企业家隐瞒真实信息以获取风险资本的动机，而真正优质的项目和有实力的企业家则因资本成本过高而寻求其他融资渠道。在投资风险投资企业以后，风险投资家提供增值服务，参与风险投资企业管理，派驻管理人员，在一定程度上能够减弱信息不对称的劣势，但在委托代理双方利益不一致时，仍可能导致"道德风险"。

因此，风险投资中的双重委托代理关系的主体间存在的信息不对称，产生"逆向选择"和"道德风险"，信息劣势一方利益受到侵害。委托代理关系的双方必须设计合理的机制，特别是财务权力的配置，既可以减少两者的信息不对称，又使委托人与代理人各司其职。

3）初始投资者与风险企业家的信息不对称

正如上文所分析的，从风险投资运作的总体过程看，初始投资者与风险企业家之间是最终委托人与最终代理人的关系。很明显，由于两者之间的"距离"和上述两个委托代理关系的信息不对称，初始投资者与风险企业家之间的信息不对称越发严重。但初始投资者的最终回报又与风险企业家的经营密切相关，为解决上述矛盾，就需要在双重委托代理关系下采取联动财务治理策略。

3. 风险投资中委托代理关系的联动与互动特性

前文剖析了风险资本的运作机理及其内涵，也分析了初始投资者、风险投资机构、风险投资企业三者之间因货币资本、人力资本、管理与技术等要素结合而产生的委托代理关系的深刻含义，可以看出，风险资本的运动是产生双重委托代理关系的核心和前提。

根据契约理论，如果把企业看做一系列契约的联结，那么初始投资者、风险投资机构和风险投资企业中的任何一方的契约发生变化，都可能会导致另一方契约的改变。在初始投资者、风险投资机构、风险投资企业三个主体之间，风险资本运动既有正向的筹集、投入活动，又有资本回收及收益分配的逆向运动，而且，当筹资成本、投资方式、投资要求等发生改变的时候，资本使用的监督与控制、资本的回收、资本收益的分配等也会产生相应的改变。例如，假设初始投资者提高投资回报率，这势必会提高风险投资机构的筹资成本，对此，风险投资机构必将转嫁给风险投资企业，进而提高对风险投资企业收益分配的比例，由此又会引起风险投资企业反过来对风险投资机构提出相应的资本经营要求，以及引起风险投资企业投资安排、市场经营等的考虑；反过来，如果资本回收方式及收益分配等方式发生改变，同样会推动筹资成本、投资方式、投资要求、财权安排等做出调整。也就是说，在风险资本的运动过程中，任何一方参与者在任何一个资本运动及财权安排、财务激励约束机制等环节上的改变，都有可能引发其他参与者在资本运动及财权安排、财务激励约束机制等相应环节或者其他环节做出调整。由此可见，风险投资中的资本运动过程具有联动性。

委托代理关系是协调初始投资者、风险投资机构及风险投资企业三者之间因风险资本运动而产生的相关关系。基于风险投资中风险资本的运动具有联动性，委托代理关系也呈现出联动变化的状态。例如，若在第一重委托代理关系中，初始投资者给予风险投资家投资收益的20%作为报酬激励，那么在第二重委托代理关系中，风险投资家将努力尽职工作，使项目收益最大化。为此，风险投资家会争取更多的财务权力，监督风险企业家的经营管理，并为风险投资企业提供增值服务。然而当风险投资家获得的20%项目收益不能弥补其努力工作的成本，或者没有达到其期望的收益值时，风险投资家一方面会进一步向初始投资者提出提高代理收益的要求，另一方面可能会采取措施降低工作成本，这将导致风险投资家争取财务权力和监督风险企业家的积极性下降，并直接影响风险投资家和风险企业家之间的委托代理关系。也就是说，风险投资中，委托代理关系也是具有联动性的。

风险投资委托代理关系的联动特性决定了在建立合理的财务治理结构和财务治理机制时，除了要注重单个委托代理关系中各个主体的财务治理，还要关注两个委托代理关系财务治理的相互影响。风险投资双重委托代理关系下的财务治理，在风险投资企业独立的财务治理之外，必须建立设计初始投资者、风险投资机构、风险投资企业之间的联动治理关系，即联动财务治理。这种联动治理是指其中一个委托代理关系的财务治理结构和机制的某些方面，是建立在对另一个委托代理关系产生相应影响的基础上的。

2.2　财务治理理论

2.2.1　财务治理与公司治理

财务治理是企业的一系列正式与非正式的制度安排，它通过企业财务权力在各个利益主体间的分配，调整各利益主体在企业财务体系中的地位和作用，从而提高企业治理效率（杨淑娥和金帆，2002）。财务治理有狭义和广义的理解。狭义的财务治理是指企业内部财务治理，是企业股东、董事和管理者等内部利益相关者之间的财务权力进行分配的制度安排。广义的财务治理是指企业所有利益相关者之间财务关系协调、财务权力分配的制度安排（衣龙新，2005）。关于企业财权的内容，尽管各个学者有不同的表述，但一般认为其应该包括财务收益分配权、财务控制权、财务监督权等财务权力。

现代企业中所有权与经营权分离，各利益主体通过一系列契约相联系。公司治理即为实现企业的有效运转，建立相应的机制来规范和处理契约，以保证各主体实现自身利益。公司治理也有广义和狭义之分。狭义的公司治理是指所有者（主要是股东）对经营者的一种监督与制衡机制，其主要特点是通过股东大会、董事会、监事会及管理层所构成的公司治理结构而进行内部治理，解决的是因所有权与经营权分离而产生的代理问题；广义的公司治理，则是通过一套包括正式或非正式的内部或外部的制度或机制来协调公司与所有利益相关者（股东、债权人、供应者、雇员、政府、社区）之间的利益关系（李维安等，2001）。公司治理包含财务治理、人事安排、内部控制、生产治理等制度性安排。

财务治理是公司治理的核心和重要组成部分，公司治理目标的实现很大程度上依赖于财务治理的效果；财务治理问题的解决能促进公司治理问题的解决（伍中信，2005）。特别是在公司财务权力的分配方面，不仅是财务权力在股东大会、董事会、管理层等权力机构之间的分配，而且包括财务权力在公司内部财务体系中的分配。财务治理关于公司内部控制权力的配置，较之公司治理更为系统和清晰。

同时，公司财务治理不等于公司治理（衣龙新和何武强，2004）。公司治理研究与应用的宏观性、原则性、模糊性，还远不能适应公司财务可操作性的现实要求。许多公司治理问题是模糊的，因此要加强其实践中的可应用性、可操作性，必须也只能从财务方面入手，将财务治理独立出来，用简洁精辟的财务语言体现公司治理理论的精髓。同时，这一独立也体现了公司治理的宏观性、包容性及其在不同治理领域的不同特色。因此，财务治理的独立发展对促进公司治理的理论研究和实践应用意义重大（衣龙新和何武强，2003）。

2.2.2　财务治理与财务管理

治理侧重宏观支配与协调，与公司的内在性质、整体形象及战略方向等方面有关；管理则侧重微观生产经营操作与控制，与处理组织的具体活动有关（衣龙新，2005）。理论界对财务管理的理解趋于一致，一般认为企业财务管理是对企业财务活动的管理，而企业财务活动就是企业再生产过程中的资金运动及其所体现的企业同各方面的经济关系（申书海和李连清，2006）。财务管理的内容是资金运动以及围绕资金运动而开展的一系列经营活动，具体可表现为经营活动、筹资活动、投资活动和利润分配等。

财务治理与财务管理既有联系又有区别，两者都是公司财务的范畴，分别反映公司财务社会属性和经济属性的两个层面。财务治理是公司治理的核心，主要是处理财务活动中形成的财务关系，也就是处理财权的配置问题，是以财务关系为治理对象的"权力管理"；财务管理是公司管理的核心，主要是处理财务活动，也就是对资金运动过程的处理（伍中信，2005），是以财务活动为管理对象的"资金（价值）管理"。更具体来说，财务治理从整体上构建公司财务的基本框架，考察各个利益主体之间权力、责任和利益的划分，建立各主体间的激励约束机制。财务管理在微观上为实现财务目标而进行财务运作和具体的财务管理活动，即从财务的数量层面对财务的经济属性进行分析，其目标是在数量上增加股东财富，并使股东财富的增加达到最大化，是公司管理活动的重要组成部分。因此，财务治理是对财务管理的指导和监督（伍中信和陈共荣，2006），而财务管理则是在财务治理机制有效运行的前提下，从价值角度管理和实现企业的财务目标。本书对于公司治理、财务治理和财务管理三者间区别和联系的观点可总结为表 2-2。

表 2-2　公司治理、财务治理和财务管理的比较

比较项目	公司治理	财务治理	财务管理
内涵	通过一套包括正式或非正式的内部或外部的制度或机制来协调公司与所有利益相关者（股东、债权人、供应者、雇员、政府、社区）之间的利益关系	通过动态的财务制衡制度安排，恰当地在财务利益主体间配置"财权"以明确各主体权、责、利的关系	对企业财务活动的管理，包括企业再生产过程中的资金运动及其所体现的企业同各方面的经济关系
主体	股东、债权人、供应者、雇员和政府等公司内外部利益相关者	股东、董事会、经理层、财务管理层和内部监督部门	股东、董事会、经理层、财务管理层
目标	利益相关者利益均衡	提高公司治理效率	增加股东财富，实现股东财富最大化
实质	解决所有权与经营权分离而产生的代理问题	以财权配置为主要内容的"权利管理"	以财务活动为管理对象的"资金（价值）管理"
作用机制举例	期权激励、剩余索取权激励机制、外部接管机制等	控制权转移、共同治理、相机治理、声誉机制等	财务预测、财务决策、财务计划、财务控制、财务分析

2.2.3　财务治理理论

1. 资本结构理论

资本结构有三重含义：①指股权资本或债权资本各构成部分之间的比例关系，称为股权结构（所有权结构）或债权结构；②指股权资本与债权资本之间的比例关系，称为融资结构或财务结构；③指物质资本（包括股权资本和债权资本）与人力资本之间的比例关系，这是适应知识经济的资本结构定义（刘汉民和刘锦，2001）。

1958 年，莫迪格利尼（Modigliani）和米勒（Miller）在《美国经济评论》上发表的《资本成本、企业理财和投资理论》一文，提出了著名的 MM 定理：在完美的资本市场上，即无所得税，无交易成本，相关信息免费获得，资本结构与企业总价值无关。最初的 MM 理论是建立在一系列严格的假设条件下的，然而完善的资本市场在现实中是不存在的，因此继而发展出修正的 MM 理论（考虑公司所得税的资本结构论）和米勒模型（考虑个人所得税的资本结构论）。修正后的资本结构论表明，资本结构的变动会影响公司的价值。修正后的 MM 理论虽然在一定程度上放宽了最初严格的假设条件，但与现实情况仍然有很大差距。在 MM 理论的基础上，以代理成本理论（激励理论）、信息不对称理论（信号模型理论）、控制权理论为标志的现代资本结构理论诞生。

代理成本理论认为，企业资本结构会影响管理者的尽职程度和其他行为选择，从而影响企业未来现金收入和企业市场价值。代理问题是由企业所有权与经营权相分离的现实引起的。在两权分离的情况下，经营者不持有公司股份或作为内部股东所持股份减少时，其努力工作的成果更多地归于他人而全部成本却由其自身承担，这使经营者更倾向于以在职消费等方式追求个人享受，工作积极性不高。这种两权分离的企业价值低于完全所有制企业价值的部分即为外部股权的代理成本。该理论还认为债权筹资有很强的激励作用，并将债务视为一种担保机制，这种机制能够促使经理多努力工作、少个人享受，并且做出更好的投资决策，从而降低由于两权分离而产生的代理成本；但是，负债筹资可能导致另一种代理成本，即企业接受债权人监督而产生的成本（Jensen and Meckling，1976）。总之，代理成本理论表明，均衡的企业所有权结构是由股权代理成本和债权代理成本之间的平衡关系来决定的。

信息不对称理论认为，在非对称环境中，外部投资者往往根据企业的融资决策来判断企业的经营状况。罗斯（Ross，1977）认为，投资者把具有较高债务水平视为一种高质量的信号，表明企业管理者对预期业绩持积极态度。Myers 和 Majluf（1984）阐述了建立在信息不对称基础上的融资有序理论：企业总是尽量用内部积累资金进行融资，然后再通过低风险债券，最后才会发行股票。

控制权理论基于融资契约的不完全性，同时考虑企业剩余利益和剩余控制权的分配，分析资本结构如何通过影响公司控制权安排来影响公司价值。资本结构本质上是一种契约要求权结构，不仅规定着公司剩余索取权的分配，而且规定着公司控制权的分配；在融资契约中赋予投资者控制权可以限制内部人的私人收益，维护投资者的收益权，从而弱化投资者的参与条件。公司控制权具有状态依存性，即能够相机转移。公司治理结构所解决的关键性问题是如何在各产权主体之间最优地分配公司的剩余索取权和控制权，而控制权理论真正地把资本结构和公司治理结构联系起来。

资本结构理论与公司治理理论有着十分紧密的联系。资本结构对现代公司的重要性，不仅仅体现在融资成本与公司的市场价值方面，更加重要的是其影响着公司的治理结构（青木昌彦和钱颖一，1995）。公司财务治理作为公司治理的核心内容和重要组成部分，因此也受资本结构全方位的影响。资本结构是风险投资财务治理结构的重要内容，资本结构直接关系到风险投资财务治理结构的组织安排，影响到风险投资各治理主体的地位、利益。

2. 公司治理理论

公司治理的问题最早由 Berle 和 Means（1932）提出。他们在《现代公司与私有财产》一书中明确提出了"所有权与控制权的分离"，公司治理应解决所有者与经营者之间的关系。Jensen 和 Meckling（1976）、Fama 和 Jensen（1983）提出公司治理问题是所有权与经营权分离下的代理问题。Hart（1995）首先提出了公司治理理论的分析框架，将代理问题和合约的不完备性作为公司治理存在的条件和理论基础。张维迎（1998）认为有效的公司治理结构在于剩余索取权与剩余控制权相对应。Myer（梅耶，1995）、青木昌彦和钱颖一（1995）等从制度安排角度定义公司治理。Myer 定义公司治理为："公司赖以代表和服务于他的投资者的一种组织安排。它包括从公司董事会到执行经理人员激励计划的一切东西……公司治理的需求随市场经济中现代股份有限公司所有权和控制权相分离而产生。"钱颖一提出公司治理结构是一套制度安排，用来支配若干在企业中有重大利益关系的团体，包括投资者、经理、工人之间的关系，并从这种安排中实现各自的经济利益。公司治理结构应包括：如何配置和行使控制权；如何监督和评价董事会、经理人员和职工；如何设计和实施激励机制。吴敬琏（1994）从组织结构的角度认为，公司治理结构是指由所有者、董事会和高级执行人员即高级经理三者组成的一种组织结构。在这种结构中，上述三者之间形成一定的制衡关系。李维安等（2001）将公司治理分为狭义和广义的公司治理。狭义的公司治理是指所有者，主要是股东对经营者的一种监督与制衡机制。广义的公司治理则不局限于股东对经营者的制衡，而是涉及广泛的利益相关者，包括股东、债权人、供应商、雇员、政府和社区等与公司有利益关系的集团。公司治理是通过一套包括正式或非正式的、内部的或外部的制度或机制来协调公司与所有利益相关者之间的利益关系，以保证公司决策的科学化，从而最终维护公司各方面的利益。财务治理作为公司治理的核心部分，其在研究思路、研究方法等方面，必然要遵循、借鉴公司治理理论（衣龙新，2005）。

3. 契约理论

契约理论是关于企业的性质、企业内部组织结构问题等方面研究的学科。该理论主要包括交易成本理论、不完全契约理论（产权理论）及委托代理理论（完全契约理论）三个理论分支，这三个分支都是解释公司治理的重要理论工具，它们之间不存在相互取代的关系，而是相互补充的关系。

现代企业理论的主流——契约理论，一般认为由科斯（Coase，1937）开创，之后由阿尔钦和德姆塞茨（Alchian and Demsetz，1972）、威廉姆森（Williamson，1988）、詹森和麦克林（Jensen and Meckling，1976）、张五常（Cheung，1983）、格罗斯曼和哈特（Grossman and Hart，1985）、霍姆斯特姆（Holmstrom，1982）、泰勒尔（Tirole，1999）、哈特和莫尔（Hart and Moore，1990）及杨小凯和黄有光（Yang and Ng，1995）等学者加以发展。虽然每个学者的侧重点各不相同，但却有一个共同主旨，那就是将企业视为"一种若干契约的结合"，企业的性质是契约，只是对企业的契约性质有不同的解释。科斯认为企业和市场是不同的契约，从交易成本解释企业与市场是两种可以相互替代的资源配置机制，用企业内部的命令服从机制代替市场价格机制，用长期契约代替若干个较短期的契约，可以节约交易成本。张五常则认为企业与市场没有什么不同，只是用要素市场代替中间产品市场，是"一份契约取代一系列契约"。格罗斯曼、哈特和莫尔等认为企业契约的不完备性才是企业契约理论的逻辑起点，因此才有了剩余索取权和剩余控制权的概念及企业所有权如何配置的问题，即"不完全契约理论"。这一理论又被称为 GHM（格罗斯曼—哈特—莫尔）理论或 GHM 模型，是分析公司治理结构中控制权的配置对激励和信息获得的影响的最重要分析工具。威廉姆森则更加明确地提出，与非专用性交易对应的契约称为古典契约，该契约的治理规则（交易秩序）由市场的价格机制所决定；而与专用性交易对应的契约称为关系契约，如股权契约、债务契约及雇佣契约等，该契约的治理规则（交易秩序）则是由作为层级结构的以"权威"为本质特征的企业制度所规定。

综合契约理论的观点，企业是由交易契约、财务契约、股权契约、债务契约和雇佣契约等一系列契约构成的"契约集"，促使企业所有权概念的提出并导致企业所有权配置问题的出现，因此企业治理具有必要性。具体到财务问题上，财务契约是财务关系的法律形式，对财务契约的治理也就意味着对财务关系和财权配置的调整，因此，财务治理实质上是对公司财务契约的治理，财务契约的基本内容决定了财务治理的基本内容（黄寿昌，2010）。由此可以看出，契约理论构成企业治理的基础理论，财务契约治理则是财务治理不可分割的部分。

4. 中国现代公司财务理论

（1）本金理论。郭复初（1994）认为财务的本质是再生产过程中本金的投入与产出活动以及形成的特定的经济关系，是客观存在的经济活动。财务的职能取决于本金的投入和产出要求，从本金的角度考察，财务职能包括筹资职能、调节职能、分配职能和监督职能。从本金投入角度考察，本金投入必须要有足够的本金，这决定了财务主体的筹资职能。筹资职能主要包括筹资的数量、筹资的来源和结构。本金的投入规模、方向和结构对财务主体的生产经营活动产生重要的影响，这是财务的调节职能。当本金投入后获取回报，需要缴税、提取公积金等是财务的分配职能。在本金运动过程中，需要按照财务规章制度进行财务活动，这决定了财务具有监督职能。

本金理论从财务的逻辑起点——本金出发，论述了财务运动规律和财务职能。本金的投入、产出及形成的经济关系，决定了财务治理的重要意义。财务治理就是对本金的运动及运动过程中形成的经济关系进行合理安排。

（2）财权理论。财权理论认为财务理论应该是价值与权力结合的产物。传统财务理论大多属于价值管理范畴，但财务理论应该是以财权为核心，融合价值与权力的理论体系。财权即财力与权力的结合，是财务研究的逻辑起点。企业财务的两个目标，即价值最大化和利益最大化，反映了价值与权力这两个侧面。

现代企业存在委托代理关系，需要建立一整套机制来协调这一关系，界定各主体的权、责、利，其中权力的配置是最重要的问题。财权是企业最基本、最主要的权力，企业任何生产经营活动都在财权中得以体现，因此财权配置是权力配置的核心。这种财权配置和利益分配，反映了财务治理的本质（伍中信，2005）。

（3）所有者财务理论。现代企业的特征是所有者与经营者分离。经营者从所有者那里取得资本，需要完成所有者下达的经营业绩指标。例如，经营者要完成股东下达的利润率指标，可以合理利用负债提高每股利润率，就形成了资本结构、财务杠杆等财务问题，这就是经营者财务。与之相对应，所有者面临着资本的保值增值，形成所有者财务。因此现代企业所有者财务与经营者财务是并存的，而人们更多地只关注到经营者财务。所有者财务的本质是以所有者为主体，对所有者投入的资本金和收益进行监督和调控，以实现资本金最大增值目标的一种分配活动（干胜道，1995）。

所有者财务理论为财务治理理论提供了理论依据，特别是为所有者参与企业财务治理、分配财务权力提供了理论阐释。财务治理中对股东的财务权力的配置，将直接影响其他主体的利益，从而影响整个企业财务治理效能。

（4）财务分层理论。财务分层理论认为，法人财产权是财务分层理论的客观基础。财务分层理论使原有集所有者、经营者、财务经理职能于一身特点的财务集中和层次，发展为所有者财务、经营者财务和财务经理财务三个层次。所有者财务在现代企业中是一种监控机制，而不是决策机制；财务经理财务是日常操作性财务；经营者财务才是企业财务的精髓。经营者财务的对象是法人财产，它着眼于企业宏观方面的战略决策，其对经营者的财务约束是企业整个约束机制的关键（汤谷良，1997）。

财务分层理论为财务分层治理提供理论借鉴，企业的财务权力正是在所有者、经营者和财务管理者三者之间进行合理分配的，并且对经营者的财务激励约束是整个财务治理的关键。

（5）利益相关者财务理论。公司财务价值导向已从股东利益转向相关者利益，利益相关者财务是一种以利益相关者的公共利益为导向并由利益相关者共同参与运作的一种新型公司财务体系。利益相关者财务的基本特征是公司财务的目标是利益相关者价值最大化，财务实行分层治理，公司财务控制权相机配置等（李心合，2003）。财务治理的一个重要原则就是利益相关性原则，财务治理必须在保障股东基本权利基础上，强调企业利益相关者的财务利益，特别在创新型企业中，随着人力资本地位日趋上升，除股东以外的其他利益相关者也应享有更多的财务控制权与索取权。

第3章 风险投资财务治理概述

3.1 风险投资财务治理的主体与客体

风险投资财务治理的主体是指在风险投资财务治理过程中占主导地位,并且有能力、有资格、有意愿参与企业财务活动的内部权力机构、个体与法人。而风险投资财务治理的客体是与主体相对而言的,既然主导方是主体,那么被制约或者被约束方即为客体。基于风险投资双重委托代理的特性,本书认为,其主客体应该从两个层面分别进行讨论。

在初始投资者和风险投资家所形成的第一重委托代理关系中,委托代理关系的契约载体是风险投资机构。理论上,根据风险资本流动及其流动过程形成的财务权力分配,初始投资者应该成为风险投资机构财务治理的主体。初始投资者选择合意的风险投资家,对投出的风险资本有安全性、收益性等方面的要求。风险投资家负责风险投资机构的经营管理,掌握较大财务控制权。两者信息不对称,并且初始投资者处于信息劣势地位。初始投资者作为风险投资机构财务治理的主体,需要对风险投资家进行合理的激励,对其掌控的财务权力进行有效的约束,使自身的利益不受到侵害。因此,风险投资体系中,初始投资者具有更强烈的财务治理动力,是财务治理的主导者即主体,而风险投资家是客体。但是实践中,初始投资者过多干预风险投资家的管理和决策,财务权力掌控在初始投资者手中,这时风险投资家不能发挥自己的人力资本优势并行使权力,因此,其有强烈的建立合理财务治理结构的意愿,这时风险投资家成了财务治理的主体,而初始投资者则成了财务治理的客体。

随着风险投资家与风险企业家之间委托代理关系的成立,风险投资企业中的组织、权力和机制等需要重构。风险投资家期望投资取得成功,从风险投资机构分配收益和收获风险投资市场中更多的声誉。风险企业家希望借助风险资本和风险投资家的专业管理才能实现自己的创业梦想。两者的利益不完全一致,当利益发生冲突的时候，双方都有激励和约束对方的意愿。因而，风险投资家与风险企业家取得相应的财务权力，都有财务治理的需求，两者互为财务治理的主客体。

因此，建立风险投资财务治理体系必须从不同角度全面考虑主客体关系，以协调主客体之间的利益关系。

3.2 风险投资财务治理的目标

目标是组织所要达到的最终目的。风险投资财务治理的目标是通过资本结构、组织结构和财务权力结构的配置，保障风险资本的合理、有序、高效率运动，减少风险投资各主体的委托代理成本，实现利益相关者利益最大化。

由于风险投资是以大量现金消耗为特征，以大量的资金为投资运作对象，所以，当风险投资家或风险企业家不作为或不积极作为时，会直接导致现金的大量损失，形成委托代理成本（风险投资损失）。而风险投资财务治理正是为了监督、控制整个现金流的运作，分别站在投资者、风险投资家和风险企业家的角度，通过协调，合理安排他们之间的财务治理结构，达到减少委托代理成本的目的。然而，实施财务治理对决策效率等的影响及其本身的花费，也形成了一系列的治理成本。所以，要实现风险投资财务治理的最优目标，就要使风险投资委托代理成本以及财务治理成本最小化。

由图 3-1 可见，在风险投资财务治理强度上存在一个均衡点 g'，在这一点上，风险投资委托代理成本达到最小值。我们将处于这一均衡点上的强度称为风险投资最优财务治理强度。这一均衡点的存在恰恰体现了风险投资财务治理的目标取向。因此，我们将风险投资财务治理的目标定义为，优化风险投资财务治理机制以实现风险投资委托代理成本的最小化。由于遵循了效率最大化的原则，风险投资相关总成本最小化目标与利益相关者财富最大化目标是内在统一的。在遵循上述研究范式的基础上，可以得出关于风险投资财务治理目标的一般表达式。

令 A 表示风险投资委托代理成本；G 表示财务治理成本；R 表示风险投资损失；g 表示风险投资财务治理强度（由财务治理机制所决定），则有关函数可分别表示为

$$A=A（g）, \quad G=G（g）, \quad R=R（g）$$

由于

$$A=G+R$$

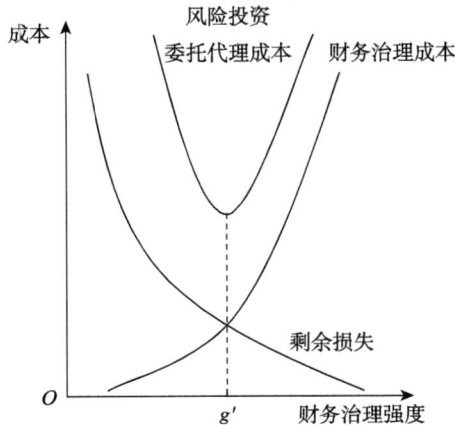

图 3-1　最优财务治理目标

所以

$$A（g）=G（g）+R（g）$$

为使 A 取得最小值，对 g 求导，并令其等于零：

$$dA/dg=dG/dg＋dR/dg=0$$

整理可得

$$dG/dg =-（dR/dg）$$

　　式中构成了风险投资最优财务治理（或财务治理相关总成本最小化）的数学条件。在现有财务治理机制综合作用的前提下，当因某一新的财务治理机制的引入导致财务治理边际成本的增加额与边际剩余损失的下降额相等时，便实现了风险投资最优的财务治理。由于环境的不确定性，风险投资最优财务治理目标将是一个不断调整的动态过程。由此可见，建立财务治理框架体系必须要考虑治理成本与治理目标的关系。本书中的研究建立在假设财务治理成本最小的基础上。

3.3　风险投资财务治理的原则

　　风险投资财务治理的原则是通过一系列制度来谋求建立一套具体的公司财务运作机制，保证初始投资者、风险投资家和风险企业家的利益，防止任何利益层失去制衡而危及其他利益相关者的行为，促进公司的健康发展。本书认为，风险投资财务治理的原则主要包括以下几个方面。

1. 独立与联动相结合原则

　　第一，初始投资者、风险投资机构、风险投资企业本身都是各自相对独立的企业单位，因而，各自都有一套相对独立的财权安排、控制与约束措施、收益分配与激励办法等财务治理体系。所以，开展财务治理，首先应对那些不受其他企业牵制和控制的财务进行治理。第二，上文已详细分析风险投资中风险资本运动及委托代理关系都具有联动性的特征，为保障风险资本的高效率运动和委托代理关系协调，还必须对具有联动特性的财务采取联动治理。所以，风险投资中委托代理关系下的财务治理应该是独立治理与联动治理相结合。

2. 权力协调原则

由于风险投资中多元主体的存在，如何在风险投资运作中协调初始投资者、风险投资家和风险企业家的财权配置，形成协调合理的风险投资财务治理结构，是建立财务治理体系的核心所在，否则权力失衡将使风险投资的运作风险加大，甚至失败。一方面，权力协调原则要求对各项财权的性质进行明确的区别划分，不相容、不同性质的财务权力由不同的权力主体行使，形成权力制衡机制，实现权力主体权、责、利三者的统一；另一方面，对企业剩余索取权和控制权的配置，既要遵循风险与收益相匹配的原则，又要考虑利益的激励约束作用。风险投资财务治理遵循权力协调的原则，有助于企业形成牢固而有效的权力制衡机制。

3. 相机抉择原则

财权的配置在风险投资的整个运作过程中并不是一成不变的，可以根据需要在必要时调整。未来事项的不确定性使风险投资具有高风险性，所以当财务状况发生重大变化时，为保护相关财务主体利益和提高治理效率，有必要在特殊时刻对企业财务控制权进行转移或者做出特殊安排，其中最容易或最有可能利益遭到侵害的一方会暂时获得控制权，同时适当地调整利益分配格局，以应对突变风险。

4. 配置效率原则

一般财务治理的目标是提高公司治理的效率，而对于风险投资的双重委托代理关系下的财务治理，其目标可以更明确地表达为提高风险投资资本运作的效率。资本结构的不同会导致内部结构和激励效应的不同，从而对风险投资的财务治理产生作用。财务权力的分配也直接影响着风险投资管理、决策和退出等。资本结构的优化、财务权力的优化等，都应该以风险投资的效率为前提。这种配置效率可以具化为对财务治理结果的度量与评价，通过财务指标与非财务指标、主观判断与客观事实的结合综合反映治理结果。因此，风险投资财务治理所遵循的配置效率原则，既是一个定性判断的概念，也是一个定量度量的概念。

5. 利益相关性原则

风险投资中的三个参与主体都是风险投资的利益群体，风险投资财务治理应该满足多方利益相关者的不同需求。风险投资财务治理的一个重要原则是：参与主体在追求自身利益的过程中要受到其他主体的制约，不能任意损坏其他主体的经济利益。否则，受到损坏的任何参与主体退出风险投资契约都会使风险资本不能运作。利益相关性原则既包含了利益协调、兼顾公平的内容，也包含风险投资双重委托代理关系下财务治理的联动与互动特性。

3.4　风险投资财务治理的内容

风险投资中双重委托代理关系下财务治理将财务治理的内容分为治理结构、治理机制两个方面。

3.4.1　治理结构

财务治理结构是财务治理的基础，是财务治理发挥效力的依据。风险投资财务治理结构按内容可划分为三个部分，即资本结构安排、财务组织结构安排、财务权力结构安排。

（1）资本结构安排。资本结构安排在一定意义上是企业的产权制度安排。风险投资是股权资本，缺少债务资本本身是其资本结构的重要特点。在风险投资中讨论的资本结构安排，主要指风险投资机构出资比例以及风险投资企业中的股权结构安排。在风险投资体系中，初始投资者是主要的出资者，个别时候也存在风险投资家出资的情况。如果初始投资者要求风险投资家出资，主要是为了对风险投资家进行激励和约束。由于风险投资家出资比例过多不能反映风险投资家的人力资本价值，所以，在风险投资企业中，风险资本一般不谋求控股，但风险资本的出资比例仍是投资契约的重要内容。此外，风险资本过高的出资比例还会导致对风险企业家的过多干预，与风险企业家追求的创业目标相违背；过低的出资比例则使风险投资家信息不对称。鉴于以上因素，风险投资机构和风险投资企业的股权结构安排是财务治理的重要内容。

（2）财务组织结构安排。古典组织理论（Scott，1961）认为，组织结构是组织内部各机构之间的职能结构（关键职能）、权责结构（权责分工及相互关系）、层次结构（纵向管理层次）、部门结构（横向结构）及其组合形式，强调分工与层级划分。组织结构包括高层组织结构（股东会、董事会等）和执行层组织结构

（中层、基层组织结构）（程新生，2004）。财务组织结构安排是风险投资委托代理关系各方在投资决策委员会、股东大会、董事会、经理层、监事会等各层权力组织部门中的职能分配。风险投资的财务组织结构安排直接关系到风险投资各参与主体的财务权力安排。因此，风险投资财务组织结构安排相当于风险投资财务权力的初次分配，理当成为风险投资财务治理的重要内容。

（3）财务权力结构安排。资本结构和组织结构安排是各参与主体获取财务权力的基础，合理财务权力结构的形成有赖于财务权力的具体配置。财务权力与各个参与主体的利益直接相关，是风险投资各参与主体争夺的焦点，其配置合理与否关系到风险投资财务治理目标能否实现，是风险投资财务治理的核心内容。

风险投资中的财务权力包括财务控制权、财务监督权和财务收益分配权。

控制权问题源于现代公司制的产生，所有权与经营权的分离形成委托代理关系，公司控制权分配成为委托人与代理人关注的焦点。控制权从实质上看是排他性利用企业资产，特别是利用企业资产从事投资和市场营运的决策权（周其仁，1997）。企业的经营管理过程是由一系列的决策组成的，决策权则应该包括日常经营决策权和重大决策权。因此，可以将风险投资机构财务控制权定义为风险投资机构的日常财务管理权与财务决策权。财务监督权指对财务管理、决策过程的监督，在风险投资中表现为财务治理主体对客体的监督。财务收益分配权是风险投资中各参与主体分享风险投资机构和风险投资企业收益的权力（王宗萍和邹湘江，2010）。

3.4.2　治理机制

设计、形成有效的财务治理机制，对企业财务行为进行适度的调节和控制，是财务治理追求的目标和主要内容之一。风险投资财务激励约束机制是通过有效财务激励、约束手段，协调初始投资者、风险投资家和风险企业家之间利益关系的一种机制，主要体现在风险投资财务治理主体对客体的激励和约束。风险投资财务治理机制主要包括财务相机治理机制、分阶段投资机制和联合投资机制等方面，这些机制本质上是激励约束机制。这些财务激励约束机制与风险投资双重委托代理关系的财务权力分配相契合，是风险投资财务治理的重要部分。

（1）财务相机治理机制。财务相机治理机制是有关财务控制权适时适度转移的机制，在风险投资各利益相关者共同治理前提下，借助于相应的制度安排，使财务权力在各利益主体之间有效地转移。建立风险投资财务相机治理机制，可以充分保护其他利益相关者的权益，有助于企业财务治理效率的提高。建立风险投资财务相机治理机制是确定财务权力转移的内容和转移的条件。

（2）分阶段投资机制。通常情况下，风险投资家对风险投资企业的投资并不是一次性投入，而是分次向风险投资企业注入资本。Sahlman 曾指出：分阶段注入资金是一个风险投资家所能运用的最有力的控制机制。分阶段投资赋予风险投资家一个有价期权，即风险投资家拥有在未来对风险投资企业是否继续投资的选择权。在分阶段投资方式下，每一阶段资本的投入势必涉及对下一阶段的预测，这个预测本身就决定了投资决策是追加投入、不投入还是希望 IPO、被兼并或破产清算。这种为了寻求或等待更有利的投资机会而推迟投资（或追加投资、退出）的权利可看做一种期权。风险投资家洞察风险投资企业对资金需求的特点，根据风险投资企业的状况，分阶段投入风险资本，形成对风险企业家的激励和约束，同时也减少了风险投资的风险。分阶段投资机制包括投资的阶段及相应阶段股权比例、下一阶段投资或终止投资的条件。

（3）联合投资机制。联合投资是指某一风险投资机构作为主投资方，联合其他风险投资机构，对同一被投资企业进行投资的行为。风险投资机构为追求最大的利益，通常投资多个企业或项目，然而在现实中，风险投资机构的货币资本和风险投资家的人力资本都具有限的。多个风险投资机构联合投资可以解决货币资本和人力资本方面的短缺，提高风险投资企业的经营管理水平和风险资本在风险投资企业中的地位，有利于对风险企业家进行监督。

其他的财务治理机制还包括投资工具的选择和提供增值服务等。例如，在投资工具的选择上，风险投资机构通常使用可转换优先股等可转换证券作为投资工具。

第4章 中国风险投资财务治理的现实考察

正如前文所研究的，从风险投资运作总过程看，风险投资包括三个阶段，牵涉风险投资三个主体，三个主体形成双重委托代理关系，双重委托代理关系的载体分别为风险投资机构和风险投资企业。风险投资的运作过程，从形态上来看，是资本流动的阶段性过程；从财务治理的角度看，是治理结构、治理机制等在双重委托代理关系中的重新构建和设计。近些年中国的风险投资取得快速发展，中国已经成为全球重要的风险投资市场。中国也不断加强风险资本市场的制度建设，修改《中华人民共和国合伙企业法》并引入有限合伙制，成立政府引导基金，以及推出创业板并建立配套监管制度等。同时，风险投资的内部治理也引起风险投资行业的关注和重视，特别是财务治理已被广泛认为是风险投资能否成功的关键。全面考察和掌握中国风险投资财务治理的现实状况，对本书进一步深入研究中国风险投资财务治理具有重要意义。

4.1 风险投资机构财务治理的现实考察

风险投资机构的组织形式主要包括公司制、有限合伙制和信托制。信托制的优点主要体现在证券投资领域，目前世界各国的风险投资基金极少选择信托制①，主要以公司制和有限合伙制为主。公司制是指募集的风险资本以股份公司或有限责任公司的形式设立。有限合伙制由作为普通合伙人的风险投资家和有限合伙人的初始投资者共同出资设立。一般地，风险投资家投入很少比例的资金的同时承担无限责任，并执行合伙企业的合伙事务。但由于风险投资家承担无限责任，在

---

① 户才和. 飞跃有限合伙制的迷雾. 投资与合作, 2003, （5）: 78-80.

利益分享方面，风险投资家拥有一定比例的利润分配权。其他初始投资者不参与风险投资机构的经营管理，以其出资额为限承担有限责任。

4.1.1　公司制仍占主导，有限合伙制将成主流形式[①]

2007 年 6 月 1 日，修订后的《中华人民共和国合伙企业法》正式颁布后，有限合伙制形式在风险投资市场快速发展，在上海、深圳、北京、武汉、青岛等地相继出现了有限合伙制风险投资机构和有限合伙制风险投资基金。

从存量来看（表 4-1），2004~2012 年中国公司制风险投资机构的主导地位难以动摇，有限合伙制在 2006~2008 年出现猛增的势头，2009 年以后出现波动性变化。其原因是 2006 年修订的《中华人民共和国合伙企业法》催生了风险资本市场上有限合伙制风险投资机构的兴起，但 2008 年金融风暴的影响及中国实行有限合伙制的宏微观基础的欠缺，如新的合伙企业法颁布的时间不长，有限合伙制配套政策措施不完善，缺乏成熟的机构投资者、个人投资者和风险投资家市场等，使有限合伙制风险投资机构受创，风险投资机构选择有限合伙制时越来越谨慎。相比之下，公司制风险投资机构在多方面暂时存在优势，如明确的法人治理结构、上市退出渠道畅通、良好的税收等政策环境、股权结构明确、相对成熟的投资主体。另外，本书选取中国风险投资披露排行榜前 20 名风险投资机构统计其组织形式，统计结果显示（表 4-2），其中有 16 家风险投资机构为公司制，3 家为有限合伙制，1 家为非独立机构（上市公司/集团附属），同样证明了中国风险资本市场中公司制风险投资机构的主导地位。

表 4-1　2004~2012 年中国风险投资机构组织形式分布（单位：%）

年份	有限责任公司制	股份公司制	有限合伙制	非独立机构		其他	合计
				金融机构附属	上市公司/集团附属		
2004	81.00	11.00	2.00	—	—	6.00	100
2005	79.00	9.00	5.00	1.00	0	6.00	100
2006	68.29	13.01	10.57	0	2.44	5.69	100
2007	64.90	13.25	14.57	1.99	1.32	3.97	100
2008	56.98	11.46	24.85	1.12	0.56	5.03	100
2009	69.12	7.84	15.20	0.49	0.49	6.86	100
2010	79.84	7.82	9.47	—	1.23	1.65	100

[①] 王宗萍，邹湘江. 有限合伙制风险投资机构财务治理研究——特性与现实. 生态经济，2010，（6）：70-74.

续表

年份	有限责任公司制	股份公司制	有限合伙制	非独立机构		其他	合计
				金融机构附属	上市公司/集团附属		
2011	73.75	11.25	8.75	—	2.50	3.75	100
2012	69.39	8.16	10.20		5.10	7.14	100

注：2004~2012 年该项调查的有效样本数分别为 110 家、132 家、123 家、151 家、179 家、204 家、243 家、160 家和 98 家

资料来源：中国风险投资研究院. 2013 中国风险投资年鉴. 北京：民主与建设出版社，2014

表 4-2　中国风险投资披露排行榜前 20 名风险投资机构组织形式分布（单位：个）

风险投资机构	组织形式	披露投资案例数
IDG 技术创业投资基金	公司制	169
深圳市创新投资集团有限公司	公司制	125
红杉资本中国基金	合伙制	113
君联资本	公司制	58
九鼎投资	公司制	56
达晨创投	公司制	54
启明创投	公司制	54
上海永宣	公司制	52
经纬中国	合伙制	52
凯鹏华盈	合伙制	48
松禾资本	公司制	47
华平创业投资有限公司	公司制	45
英特尔投资	（英特尔下属事业部门）	44
赛富投资基金	公司制	41
同创伟业	公司制	39
DCM 资本	公司制	38
金沙江创投	公司制	38
软银中国	公司制	37
德同资本	公司制	36
海纳亚洲	公司制	35

注：披露投资案例数统计截至 2015 年 10 月 31 日，风险投资机构按照披露投资案例个数排序

资料来源：清科投资界，http://zdb.pedaily.cn/chinainvestcompany.shtml

　　但从流量来看，中国风险投资研究院的抽样调查结果显示（表 4-3），2012 年抽查的 40 只新募集风险基金样本中有 57.50% 采用有限合伙制，35.00% 采用公司制。根据历年的统计结果，除 2009 年外，在每年新募集风险资本中有限合伙制基金占比基本都高于公司制基金。由此可以看出，虽然有限合伙制在中国风险

投资市场中还存在一些问题，但有限合伙制是风险投资基金的有效形式（傅旭，2001），加速了中国风险投资的发展。有限合伙制的风险资本组织形式以其自身具有的治理结构优势逐渐发展成为风险投资行业的主流形式。

表 4-3　2008~2012 年中国风险投资业新募集风险资本组织形式分布

组织形式		有限合伙制	公司制	信托制	其他	合计
2008 年	比例/%	51.19	39.29	4.76	4.76	100
2009 年		25.20	67.48	3.25	4.07	100
2010 年		46.56	45.80	1.53	6.11	100
2011 年		69.64	28.57	—	1.79	100
2012 年	数量/只	23	14	2	1	40
	比例/%	57.50	35.00	5.00	2.50	100

注：2008~2012 年该调查项目的有效样本数分别为 84 只、123 只、131 只、112 只和 40 只

资料来源：中国风险投资研究院. 2013 中国风险投资年鉴. 北京：民主与建设出版社，2014

4.1.2　公司制风险投资机构财务治理现状及典型案例研究

公司制风险投资机构的财务治理与其他公司有很多相同之处，都是建立在现代公司治理结构的基础之上，但公司制风险投资机构财务治理又存在自身的特点。本节对中国公司制风险投资机构财务治理现状作简要分析。

1. 资本结构

中国公司制风险投资机构资本结构中，国有股权比例相对较高。在全国各地成立的风险投资公司中，政府资金是重要来源。国内著名的风险投资机构不乏政府背景，如深创投、达晨创投等。在中国整个创投行业经历 2012 年的低迷之时，以政府财政资金为主要来源的政府引导基金如雨后春笋般出现，中国在 26 个省（自治区、直辖市）、市设立国家级、省级、市县级政府引导基金。2012 年新设引导基金近 30 只，资金规模超过 160 亿元，共支持 260 多家创业投资机构，引导的创业投资管理资金总规模近 1 000 亿元，并且这一势头还在继续。据中国风险投资研究院统计，中国 2013 年全年新创业风险投资的资本来源中政府直接投资（含事业单位）和国有独资投资机构合计占比 29.18%，较 2012 年下降 11.41%，但绝对出资额基本持平[①]。政府资金成为风险资本的重要来源之一。

国有股权比例高的公司制风险投资机构，都需要采取国有资产管理模式，而这种管理模式在很多方面与风险投资行业的规律不符。国有资产讲究保值增值，

---

① 王元，张晓原，张志宏. 中国创业风险投资发展报告 2014. 北京：经济管理出版社，2014.

需在较短的时期内对风险投资机构考核,但风险投资的重要特点是其为风险高的长期投资,投资项目失败概率高,并且获取项目收益的时间长,导致政府运营国有资本的政策性目标与社会资本的商业性目标冲突。鉴于国家对国有资产的投资绩效有其特有的考核方式,众多有国资背景的风险投资机构并没有完全从事风险投资业务,转而投资房地产、证券等其他形式的短期投资项目。此外,有国资背景的风险投资机构进行投资时,不仅需要经过国资委审批,还要考虑管理层激励等限制因素,而这些因素都会影响到投资效率。

2. 组织结构

一般公司制体现的是一种公司形态上的"委托代理关系",即初始投资者投资风险投资机构之后便成为股东,可以通过出席股东大会、选举董事等方式参与公司制风险投资机构的重大决策,并由董事会行使投资机构的法人财产所有权。但是,非专业的股东参与公司重大决策会产生一个问题:一方面初始投资者将资本交予专业的风险投资家进行管理和运作;另一方面却又干预风险投资家决策甚至代替决策。这种方式尽管有利于监督和约束风险投资家的行为,但也造成了风险投资家的专业投资才能无用武之地,更容易导致决策失误,影响风险投资收益。

为解决上述公司制风险投资机构的组织结构问题,中国公司制风险投资机构采取委托管理模式,即在公司制风险投资机构下设立专业的管理公司有限合伙制基金。管理公司由风险投资家运作,风险资本都委托给专业的投资管理公司。公司制风险投资机构仅履行出资人的职责,选择和评估管理公司,对管理公司的具体运作不进行干预。通常公司制风险投资机构有最终决策权,但最终决策权仅仅是否决权,管理公司拥有更多自主决策权。这种组织结构设计借鉴了有限合伙制中的组织结构特点,实现资本和专业投资才能的结合。据统计,截至 2013 年,全国共有 65 家母基金,受托管理了 229 家创业风险投资基金,其中,最大的母基金管理的子基金数达 45 家,管理资金规模 102 亿元[①]。

3. 财权结构

在中国公司制风险投资机构中,除了上文提到的风险投资家拥有更多财务决策权的委托管理模式外,其他公司制中初始投资者在董事会行使重大事项的决策权和监督权,被聘用的风险投资家管理团队由董事会授权负责投资管理的日常活动。这种制度下董事会控制权大,投资效率低,管理团队缺乏自主性和稳定性。在公司制风险投资机构中,对高层管理人员的激励机制比在其他公司更具重要性,激励机制设计不足更容易导致管理层的道德风险。国内众多公司制风险投资

---

① 王元、张晓原、张志宏. 中国创业风险投资发展报告 2014. 北京:经济管理出版社,2014.

机构对风险投资家的利益分配采取的是固定工资加奖励的薪酬制度,这种利益分配难以做到科学化和合理化。与风险投资行业中惯用的管理费加 20%的分成相比,公司制风险投资家的财务收益分配权太小。也有公司制风险投资机构探索对管理层的激励采取多种灵活的方式,包括项目利润分成、股权激励方式,还有一些创新的方式,如对高层管理人员实行高管"合资激励"、公司内部合伙人制度等。

4. 公司制风险投资机构财务治理现状的案例研究

1)案例过程

深圳市创新投资集团有限公司(简称深创投)是中国资本规模最大、投资能力最强的公司制本土风险投资机构,拥有 25 亿元注册资本和高达 100 亿元的可投资能力。自 1999 年成立以来至 2015 年 11 月,15 年间深创投在 IT 技术/芯片、光机电/先进制造、消费品/物流/连锁服务、生物医药、能源/环保、新材料/化工、互联网/新媒体等领域投资 596 个项目,总投资额近 183 亿元,平均年投资回报率达到 36%。2015 年 7 月 1 日,哈尔滨中飞新技术股份有限公司在创业板上市,成为深创投所投资的企业中进入公开资本市场的第 100 家。深圳市人民政府国有资产监督管理委员会(简称深圳市国资委)是深创投第一大股东,直接持股 28.195%,虽然国有持股比例逐渐下降,但深圳市国资委仍是深创投的实际控制人。

公司依法设立股东会,但股东们并不参与公司的实际经营,而是通过董事会对公司进行必要的监管。董事会设立战略和预算委员会、提名委员会、薪酬与考核委员会、审计与风险控制委员会 4 个专门委员会,在董事会授权范围内开展工作,为董事会重大决策提供咨询意见和建议,但不得以董事会名义做出任何决议。董事会下设投资决策委员会,代董事会行使投资决策权。任何一项投资都要经历立项、尽职调查、听证、建议形成、建议评审和投资方案审批等环节,然后由投资决策委员会的评审委员采用记名投票方式进行表决。深创投的投资决策委员会由公司高管、资深投资经理和聘请的外部专家委员组成。深创投的董事长和外部专家有最后否决权。在具体投资决策上,深创投公司管理层拥有 2 500 万元的投资权限,公司董事会有 5 000 万元的权限,而超过 5 000 万元则需要股东大会决定。深创投 13 位董事会成员中,深圳市国资委派的董事有 4 位。深圳市国资委派任管理人员有董事长、总裁、财务总监和监事会主席,部门设置主要包括具体项目部、风险控制部、投资决策委员会、董事会和监事会等。深创投实行的是"8+2"的管理层激励政策,"8"是深创投一年利润的 8%,用于给员工发绩效工资;"2"是项目净收益的 2%,用于奖励项目投资经理和成员。

此外,深创投从 2007 年开始在全国各地设立 30 个创业投资基金,基金的出资比例是深创投、当地政府引导基金和其他民营机构各占三分之一。这些基金部分采取委托管理制，即成立引导基金的同时配合设立一家投资管理分公司，管理公司也有当地政府引导基金和民营机构参股；或者不单独成立区域基金管理公司，基金的管理者为深创投集团总部，基金投资及退出的最终决策者为基金董事会。深创投的总部给每个分公司委派一名最高级别的负责人，通过这位负责人，总部实现对分公司的绝对控制权。各基金的投资项目从立项、调研到决策等核心程序都集中在总部，实行垂直管理。发展至今，深创投已设立 67 个政府引导基金，资金规模 129.02 亿元；4 只中外合资基金，3 只受托管理基金和 20 只战略合作基金。

2）案例分析

深创投无疑在国有公司制风险投资机构中是成功的，在其运营过程中，可以总结出其在财务治理方面的特点。

深创投的主要出资者是深圳市国资委等，深圳市国资委委派专业的风险投资家靳海涛、孙东升、闫冀恒、刘波等，分别担任深创投专职董事长、总裁、监事会主席和财务总监，负责风险资本的日常管理和运作。按照前文分析的风险投资委托代理关系，本案例中深圳市国资委等是初始投资者和委托人，靳海涛等是风险投资家和代理人。深创投的委托代理关系设计的重要之处在于：风险投资家不完全独立于初始投资者，而在一定意义上是初始投资者的利益代表；风险投资家也并不是初始投资者，以不同于初始投资者的身份参与和管理风险资本。

深创投是国有股比例过高的典型代表，但其发展并没有像其他国有风险投资机构那样受到约束。资本结构主要是直接或间接影响财务治理的组织结构和财权分配，但深创投的组织结构和财权分配并没有因为这种资本结构偏离风险投资运作的一般规律。深创投在成立之时就定下了市场化运作的理念，深圳市政府较少干预，管理层有较独立的决策权是其成功的关键。深创投的高管能够掌握的是深创投的经营权，他们和员工能够分走旗下基金的经营利润；但在深创投基金的所有权，即基金管理公司的股权这一领域，深圳市国资委原本寸土不让的态度极大地保护了国有资产不受侵害。但是，深创投也曾因为国有资本的原因走了"弯路"，由于国有股盈利压力，深创投曾有一段时间其主营业务变为委托理财，并遭遇资金无法收回的危机。此外，深创投在被纳入深圳市国资委以后，原有的制度灵活的优势也在减弱，国有资产的考核、项目退出时的股权转让审批等都成为经营的障碍。因此，吸收民间资本，改变深创投国有股比例过大的现状是深创投进一步发展的必然要求，2015 年深创投国有股权改制已在逐步推行中，对深创投将产生怎样的影响还需进一步观察。

在组织结构中，深圳市国资委等作为初始投资者，委派董事长、总裁、财务总监和监事会主席参与风险投资机构，而这些委派的人员本身都是资深的风险投资家，主要履行管理和监督的职能。深创投的最高决策部门是投资决策委员会，投资决策委员会由固定和非固定的委员组成，是专业的决策部门，不等同于董事会的职能。在各地成立创业投资引导基金和基金管理公司，是深创投组织结构的创新，实质上是"公司制+合伙制"的模式。引导基金是深创投风险资本的重要来源，深创投作为资金管理方掌握财务控制权并进行专业化的投资决策，因而能够形成资本加人力的有效组织结构。

深创投财权分配是其成功的另一个关键因素。在财务控制权方面，初始投资者通过分级授权，较少干预财务决策，但掌握特别重大的财务控制权，如超过5 000 万元的投资项目由股东大会做出投资决策等。董事长和外部专家拥有否决权，表明风险投资家掌握较多的重大财务控制权。在成立的各地方引导基金中，深创投通过委派专业的投资团队进行管理，掌握控制权，并且由深创投总部拥有最终决策权。在收益分配权方面，深创投实行的"8+2"激励政策和常见的"20%+2%"有所不同，即一只基金在投资期时，有限合伙人（limited partner, LP）支付给普通合伙人（general partner, GP）每年 2%的管理费；存续期满后，基金的回报达到事先约定后，普通合伙人将本金还给有限合伙人后还可以分走利润的 20%。深创投的团队一共分走 10%的投资回报，深创投总部的管理人员都会在 8%里拿奖金；大区经理还可以作为投资团队成员，在项目的 2%中分利润，而这些利润多基于项目。这种激励政策的好处在于，其他很多基金要等到基金到期后风险投资家才能拿到回报，而深创投的员工在投资的项目退出后即可分成，这种现实的收益分配方式也形成一种较强的激励和约束机制。

深创投是在公司制风险投资机构中，特别是国有资本风险投资机构中财务治理较成功的案例，但它的进一步发展还有待于资本结构多元化、对风险投资家的收益分配改革等。

4.1.3　有限合伙制风险投资机构财务治理现状及典型案例研究

1. 资本结构——较高的普通合伙人出资比例

有限合伙制风险投资机构出资人由有限合伙人和普通合伙人组成。通常情况下，普通合伙人也称风险投资家，是基金的发起人和组织者，负责基金的筹集、管理和运营等工作，一般提供合伙资本的 1%左右，以其个人全部资产对企业债务承担无限责任。风险投资家报酬一般由每年收取基金额 2%~3%的管理费和15%~25%的项目利润提成两部分组成。有限合伙人即风险投资的初始投资者，是基金的主要出资人和委托人，一般投入投资总额的 99%，不直接参与基金的日常管理和投资决策，如果基金盈利，可获得 80%左右的投资收益，并在出资范围内承担有限责任。但是，目前国内有限合伙制风险投资机构中，普通合伙人的出资比例相差很大，部分有限合伙制普通合伙人出资比例高达 20%~70%（表 4-4）。
这种资本结构的现状，一方面与我国的风险投资行业发展密切相关，我国风险投
资行业起步晚，缺少大批优秀的普通合伙人，出资比例高表明了普通合伙人的信
心和承诺；另一方面，采用有限合伙制时间短，有限合伙人与普通合伙人之间缺
乏完整的监督和有效的治理，因此，有限合伙人强势干预投资决策和实行更紧密
的利益捆绑，以减少风险投资家的机会主义行为。

表 4-4　国内部分风险投资机构（基金）普通合伙人出资情况（单位：%）

国内有限合伙制风险投资机构（基金）	普通合伙人出资比例
东海创投	小于 1
南海成长	超过 10
达晨财富	5
创东方安盈	2
东方富海	5
联合成长投资	2.5
南海成长天津基金	10
德厚资本	10
基石创投（一期）	20 左右
硅谷天堂	至少 10
北京信中利（信中达）	70

2. 组织结构——公司化组织结构[①]

有限合伙企业中，普通合伙人对合伙企业债务承担无限连带责任，有限合伙
人以其认缴出资额为限对合伙企业债务承担有限责任。有限合伙企业由普通合伙
人执行相关合伙事务；有限合伙人不需执行合伙事务，不得对外代表有限合伙企
业，也不能直接参与企业的经营管理。而我国的现实情况是，有限合伙人在某种
程度上缺乏对普通合伙人的信任，迫切希望能够参与风险投资机构的管理和决
策，及时掌握相关的投资信息。有限合伙制风险投资机构组织结构大致分为以下
三种：第一种是有限合伙人部分参与投资决策委员会，在投资决策委员会中占一
定比例；第二种是包括有限合伙人和普通合伙人的所有出资者共同成立投资决策
委员会；第三种是有限合伙人独立设置一个专家委员会，监督风险投资机构，专
家委员会有否决权。可以看出，上述三种形式的组织结构加入了公司制的组织结
构特点，其中的投资委员会或专家委员会与董事会的组织功能形似（表 4-5）。

---

① 王宗萍，邹湘江. 有限合伙制风险投资机构财务治理研究——特性与现实. 生态经济，2010，（6）：
70-74.

表 4-5　有限合伙制风险投资机构代表性的组织结构

有限合伙制风险 投资机构	组织结构特点	组织结构具体情况
东海创投	对外是有限合伙，对内采取有限责任	设立由所有合伙人组成的联席会议作为最高决策机构，东海创投的所有合伙人均为联席会议成员，出资额最高者担任联席会议主席，每一个投资决策须获得联席会议成员 2/3 的赞成票方可通过
东方富海	设立"3+1"投资决策委员会	投资决策委员会有 4 名成员，有一名委员从普通合伙人中推举产生，且每年更换一次，投资决策必须获得 4 名委员的全票通过
浙商海鹏创投	设立投资决策委员会和有限合伙人委员会	投资决策委员会有 7 名委员，1 名委员是出资额最高的有限合伙人，2 名非常设专家委员，每个项目需获得 5 票以上才可以通过。投资较大项目最终由有限合伙人委员会决策
渤海金石投资基金	设立合伙人会议和投资决策委员会	投资决策委员会由 3 名有限合伙人、2 名普通合伙人和 2 名外聘投资专家组成

3. 财权结构

1）财务监督权取代财务控制权[①]

一般情况下，有限合伙制风险投资机构财权的分配结果如下：风险投资家能够获取财务控制权及高于出资比例的财务收益分配权，而初始投资者只拥有财务监督权与财务收益分配权。在我国有限合伙制风险投资机构中却不同，普通合伙人和有限合伙人角色比较模糊，两者财权配置不那么清晰。初始投资者即有限合伙人在风险投资机构中普遍存在财务权力强势的现象，更多参与风险投资机构的经营管理，干预风险投资家的决策，甚至主导风险资本的投资决策，从而导致财务监督权取代财务控制权。造成国内有限合伙制风险投资机构财务控制权与财务监督权配置不清晰的原因包括以下方面：第一，有限合伙制才刚刚在我国兴起，"出资者就应获取控制权"的治理思维依旧根固于国内市场；第二，国内缺乏优秀的风险资本管理人才，普通合伙人市场有待进一步完善。从国外的经验来看，风险投资家从进入风险投资业到最后独立判断、领导团队，需要至少十年的时间，而我国目前有八年以上经验的投资人都非常少。同时，很多风险投资机构的有限合伙人是由投资银行人或证券投资人转型而来，对产业投资缺少经验，这进一步加重了有限合伙人的担忧和对普通合伙人的不信任。

2）财务收益分配权配置

在我国有限合伙制风险投资机构中，财务收益分配权配置不尽合理，存在着收益分配权激励有限和激励过度的诸多问题（表4-6）。激励有限表现在，普通合伙人出资比例不是经验数据的 1%，而是更高的出资比例，有些甚至会高达 70%。

---

① 王宗萍，邹湘江. 有限合伙制风险投资机构财务治理研究——特性与现实. 生态经济，2010，（6）：70-74.

虽然通过这种方式有限合伙人可以更紧密地将普通合伙人与自身的利益捆绑在一起，促使风险投资家能够更优地行使财务控制权；但是，风险投资家既出资又出力的制度设计背离了有限合伙制的本质，缺乏对风险投资家财务收益分配权的适度激励。另外，我国有限合伙制中存在着有限合伙人参与管理甚至主导决策权，普通合伙人没有最终的财务控制权，却仍然可以对普通合伙人采取"固定管理费+20%利润分配权"的激励方式。相比一般的有限合伙制，这种激励方式会引起控制权与索取权不匹配的问题，导致过度激励，进一步造成有限合伙人对普通合伙人的不满。

表 4-6　著名风险投资机构（基金）普通合伙人收益分配情况（单位：%）

有限合伙制风险投资机构（基金）	管理费率	利润分配比例
东海创投	1.5	20
南海成长	2.5	20
达晨财富	2.0~2.5	20
创东方安盈	2.0	20~30
东方富海	2.0	20
联合成长投资	2.5	20
鼎晖风险投资	2.0	20
厚朴基金	2.0	20

4. 有限合伙制风险投资机构典型案例分析[①]

1）案例过程[②]

2007 年 7 月 26 日，温州东海创业投资有限合伙企业（简称东海创投）成立，是长三角地区首家、全国第二家有限合伙制形式的人民币私募股权投资基金。东海创投首期的募集资金规模是 5 亿元，大约是南海成长的三倍，温州民间资本产生的巨大力量吸引了风险资本市场的广泛关注。而东海创投在运作不到一年的时间却退出了风险资本市场更是激起业内人士对有限合伙制的探讨。

东海创投由 10 个合伙人组成，其中民扬集团、佑利集团、环宇集团等 8 家乐清民营企业和自然人张建文是有限合伙人，以自己出资额为限对合伙企业债务承担相应的有限责任；北京杰思汉能资产管理公司（简称杰思汉能）是东海创投的普通合伙人和基金管理人，对合伙企业债务承担无限的连带责任。东海创投首期资金 5 亿元，合伙人最低投资额为 500 万元，而且必须为 500 万元的倍数，普通合伙人杰思汉能的出资比例较少，不到总资本数额的 1%。杰思汉能则按 1.5%收取管理费，利润分配比例为 20%。

---

① 王宗萍，邹湘江. 有限合伙制风险投资机构财务治理研究——特性与现实. 生态经济，2010，（6）：70-74.
② 本案例根据《21 世纪经济报道》《温州都市报》《金融街 PE》等相关资料整理。

　　作为一家有限合伙企业，东海创投在企业治理上不断进行创新，对外是有限合伙，对内采取有限责任，并设立合伙人联席会议，作为最高决策机构。合伙人联席会议的作用主要有两个：一是要保证东海创投任何一笔资金的流动及使用都必须经过大家的签字才可以投资；二是合伙人要定期召开会议，共同分析市场，商讨投资决策。东海创投运作的整个流程是，先由普通合伙人提供决策依据，然后将其提交到联席会议，联席会议讨论投票后进行最终决策——做还是不做这个项目，最后再交给执行合伙人去执行。同时，合伙人联席会议还设立有监督代表，监督普通合伙人的执行过程等。根据合伙人的协议，东海创投的 10 个合伙人都是联席会议成员，佑利集团胡旭苍的出资额最高，担任联席会议的主席；普通合伙人杰思汉能的王伟东是东海创投的执行合伙人。东海创投中的每一个投资决策须获得联席会议成员 2/3 的赞成票才可以通过。然而每个合伙人的投票权，则要根据每 500 万元作为一股，每股代表一个投票权计算而得出。由于杰思汉能的出资比例小于 1%，因此其并没有最终的决策权，仅仅相当于东海创投聘请的经理人。东海创投的这种制度设计目的很明确："出了钱，要有起码的投票权，把决策权牢牢掌握在有限合伙人自己手里。"

　　东海创投运作模式的弊病不久就显露出来，在投出 1.3 亿元后，剩余的 4 亿元资金一直处于闲置状态。东海创投联席会主席胡旭苍则指责执行合伙人杰思汉能提供的几个项目相当有局限性，只有书本经验，只注重报表和数据分析，缺乏对我国民营企业真实状况的实际调查了解，普通合伙人并不能完全承担其在基金中的相应责任。而且，有限合伙人认为东海创投投入的每一笔资金，杰思汉能都可以拿到一笔高额的管理费，就算项目运作失败，杰思汉能也可以抵消之前的所投资金。而执行合伙人杰思汉能则指责合伙人联席会议干预造成东海创投无法进行很好的决策。

　　首先，有限合伙人对杰思汉能并不信任，对执行合伙人感到失望，又不满于必须支付相应的管理费并分配利润；其次，杰思汉能对有限合伙人通过联席会议方式干预决策也抱有极大不满；最后，双方对于项目的思路和各自的利益取向不尽相同，……诸多原因最终导致有限合伙人与普通合伙人分道扬镳，东海创投在成立不到一年的时间便退出了风险投资市场。

　　2）案例分析

　　（1）财务控制权真的重要吗？

　　有限合伙制的重要特征就是有限合伙人能够放弃财务控制权承担有限责任。然而东海创投的有限合伙人正如胡旭苍所说，"我们从来没想过要把钱交给别人管理"，有限合伙人从成立开始就要通过合伙人联席会议牢牢掌握住财务控制权。其实这种有限合伙人分享并掌握风险投资机构财务控制权的现象在我国是非常普遍，其中可能的原因有以下几个方面。

第一，我国风险资本的募集是在资本供给方的市场，资本供给方处于相对强势的地位，普通合伙人更容易妥协并放弃相应的财务控制权。尽管风险投资在我国取得了巨大的成就并快速发展起来，但目前风险资本总量仍然较小，对风险资本的需求相对旺盛。风险投资机构普通合伙人为了募集风险资本，完全有可能就财务控制权进行相应的妥协。杰思汉能 2007 年 3 月成立时只有 1 000 万元注册资本，需要大量资金以实现其风险投资的梦想，最终他们选择了民间资本丰富的温州进行相关募集。由于有限合伙人在某种程度上无法接受出钱而没有投票权模式，杰思汉能在合伙协议中同意了合伙人联席会议的运作方式。

第二，有限合伙人对普通合伙人的不信任及对其决策能力的怀疑，促使有限合伙人不愿放弃财务控制权。依据有限合伙企业的理论，有限合伙人之所以能够放弃财务控制权，原因在于他们能够获取风险投资家专业的投资能力和良好的社会关系资源。当有限合伙人对普通合伙人的才能产生质疑，或者由于市场不完善和彼此间的信息不对称，有限合伙人不能了解到普通合伙人的投资能力时，有限合伙人会保留风险资本的财务控制权。我国的普通合伙人还很不成熟，风险投资家市场也还很不完善，导致财务控制权的争夺更加激烈。杰思汉能的创始人王伟东凭借丰富的任职经历成为东海创投的执行合伙人，但是有限合伙人对王伟东的项目判断能力存在怀疑，这种不信任使财务控制权的争夺之战更加激烈。

（2）财务收益分配权如何进行配置？

有限合伙制风险投资机构通常采取"固定管理费+20%利润分配权"的模式对风险投资家进行激励，这种财务收益分配权配置是建立在普通合伙人掌握了财务控制权基础上的。当有限合伙人获取财务控制权时，普通合伙人应该获得较少的财务收益分配权，否则造成控制权与索取权不匹配，增加了委托人与代理人之间的成本。所以，有限合伙制风险投资机构对普通合伙人的激励不是一成不变的"固定管理费+20%利润分配权"模式，它可以根据普通合伙人掌握的财务控制权情况进行调整。例如，签订相应的财务限制性条款："有限合伙人和普通合伙人的利润分成要等到有限合伙人收回全部投资后才可分配""至少达到规定的最低投资收益率后，普通合伙人才能得到 20%的利润分配。"在本案例中，东海创投的普通合伙人杰思汉能没能够获得风险投资基金的财务控制权，但收取了管理费和20%的利润分成，普通合伙人的激励存在问题，使有限合伙人严重不满，从而加深了两者的矛盾并导致东海创投清盘。

（3）东海创投清盘的直接原因。

东海创投的有限合伙人在某种程度上不信任普通合伙人，也不愿意放弃控制权，对普通合伙人的收益分配极为不满等是东海创投退出风险投资市场的直接原因。从委托代理关系的角度出发进行分析，初始投资者自己进行项目的投资管理、决策，能够跨越风险投资家直接面对风险投资企业，初始投资者和风险投资家之间这个重要的委托代理关系成为虚设，违背了风险投资的规律。而初始投资者与风险投资家之间委托代理关系成为虚设，根本原因是初始投资者不能与风险投资家建立有效的财务治理结构与机制，这种有效的财务治理结构和机制能对风险投资家与风险企业家之间良好的财务治理产生相应的联动效应。

4.2　风险投资企业财务治理的现实考察

　　风险投资企业在接受风险投资前，其股权结构单一，企业管理和决策以风险企业家为核心。在引入风险投资后，风险投资家参与风险投资企业管理和提供增值服务，以完善风险投资企业治理结构。在财务治理方面，风险投资使风险投资企业资本结构多元化；风险投资家通过董事会、监事会组织结构或契约等获取财务权力；风险投资以分阶段投资、联合投资等方式激励、约束和监督风险企业家。截至 2014 年年底，创业板上市的 406 家企业分布在 13 个行业中，其中有 260 家有风险资本支持的上市公司（有风投上市公司）和 146 家无风险资本支持的上市公司（非风投上市公司）。本节主要以我国创业板中有风投上市公司和部分非风投上市公司为考察对象，其中，剔除企业上市时风险资本已撤出的 11 家企业样本，最终风险投资企业样本企业数量为 249 家；非风投上市公司采用抽样的方法，抽取半数企业入样。抽样样本总体情况如表 4-7 所示。

表 4-7　抽样样本总况表（单位：家）

行业分类	总体数量		样本数量	
	有风投上市公司	非风投上市公司	有风投上市公司	非风投上市公司
农林牧渔	3	3	3	3
采矿业	2	2	2	2
制造业	178	108	170	54
水电煤气	2	0	2	0
建筑业	4	1	4	1
批发零售	3	1	3	1
运输仓储	2	1	2	1
信息技术	49	22	48	11
商务服务	3	0	3	0
科研服务	3	3	3	3
公共环保	3	2	2	2
卫生	3	0	3	0
文化传播	5	3	4	3

续表

行业分类	总体数量		样本数量	
	有风投上市公司	非风投上市公司	有风投上市公司	非风投上市公司
合计	260	146	249	81
总计	406		330	

注：表中总体数量根据清科私募通网站整理所得。剔除风险投资企业样本分别为制造业 8 家、信息技术 1 家、公共环保 1 家和文化传播 1 家

4.2.1　风险投资企业财务治理结构现状分析

1. 资本结构

风险投资企业一般是处于创业阶段的中小企业，其经营和发展具有很大的不确定性，这导致风险投资企业的融资能力较弱，资金短缺严重。据统计，目前我国中小企业已超过 800 万家，占全国企业总数的 90%以上，在工业总产值和实现利税中的比重分别为 60%和 40%，并提供了 75%的就业机会，但其在全部银行信贷资产中的使用比率不到 30%，银行对其贷款的满足率也仅为 30%~40%[1]，近80%的中小企业资金紧张，造成许多有项目、有盈利的企业遭遇发展"瓶颈"。中小企业经营风险高、管理不完善、可用于抵押担保的资产不足，以及银行对中小企业的风险管理机制不够完善等多种原因造成了银行在中小企业贷款中普遍存在的"惜贷"现象。在研究调查的样本中，249 家创业板上市公司上市前三年平均资产负债率为 43.08%，上市后一年平均资产负债率为 21.24%，债务融资能力相对较弱，股权融资仍是这些中小型创新科技企业的重要方式。

在风险资本投入以前，风险投资企业资本结构多以自有资金和经营积累为主。风险投资不仅提供了风险投资企业发展所需的资金，而且适度减少了风险投资企业的股权集中度。样本中的 249 家有风投上市公司（风险投资企业）共涉及 457 家风险投资机构，平均每家公司接受风险投资机构投资的个数为 1.84家，接受风险投资机构投资的个数最多的有 15 家，最少的有 1 家。风险投资机构合计持股比例平均为 23.80%，单个风险投资机构持股比例平均约为 7.72%（表4-8）[2]。

---

① 融宇信诺. 我国中小企业贷款的现状和分析，http://www.eme2000.com/html/shouyejiaodiantu/2014/0704/40761.html，2014-07-04.

② 为了消除上市发行产生的影响，本章节采用的创业板中上市的风险投资企业的数据都是发行前的数据，来源于各公司的招股说明书。

表 4-8　风险投资企业上市前风险投资机构持股比例描述性统计（单位：%）

项目	最大值	最小值	均值	标准差
风险投资机构累计持股比例	89.14	1.19	23.80	20.89
单个风险投资机构持股比例	77.59	0.06	7.72	10.30

从样本涉及的风险投资机构对风险投资企业上市前合计持股比例的最值和均值变化来看（图 4-1），合计持股比例最大值整体呈上升趋势，最小值整体呈下降趋势，而均值趋势较为平稳，但略有下降。这说明：①风险投资机构的投资强度和风险资本的分散程度逐渐加大，越来越多规模较小的风险投资机构为分散风险而选择联合投资方式；②风险投资机构投入风险资本作为一种重要的融资方式，对我国包括创业板上市公司在内的中小企业的资本结构和企业上市都起到重要作用。

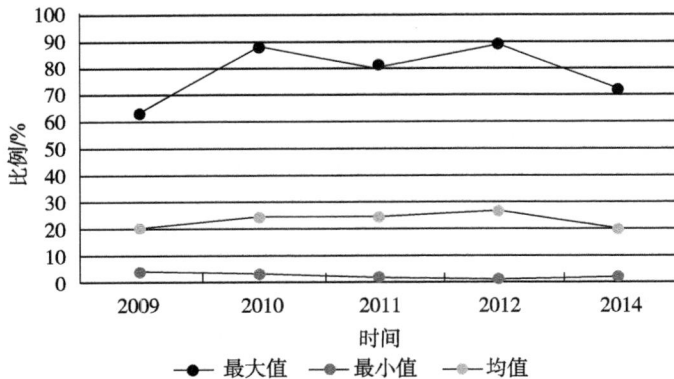

图 4-1　2009~2014 年样本企业上市前接受风险投资机构合计持股比例变化折线图

2013 年创业板不予上市，故无数据

上文简要分析了风险投资机构对风险投资企业融资的影响，那么风险资本对风险投资企业资本结构的改善具体有着怎样的影响？本书接下来从股权结构（股权集中度）和债务融资能力两方面展开讨论。

1）股权集中度

股权集中度度量方法中，现有的研究常用的有 CR（concentration ratio，即股权集中度）指数、Herfindahl 指数及 Z 指数三种方法（冯根福等，2002；晏艳阳和刘振坤，2004；宋力和韩亮亮，2005）。我们选取 CR 指数和 Z 指数衡量股权集中度。CR 指数是指公司前 n 位大股东持股比例之和。本书采用第一大股东的持股比例（CR_1）作为股权集中度的衡量指标，第一大股东持股比例越大，股权分布越集中。Z 指数是指第一大股东与第二大股东持股比例之比，Z 指数越大，第一大股东与第二大股东的力量差异越大，第一大股东的优势越明显。创业板中的有风投上市公司和非风投上市公司具有很高的相似性，通过比较它们的股权集中度，可以较好地反映风险投资机构对风险投资企业的股权结构和股权集中度的影响。CR_1、CR_2 分别表示有风投上市公司和非风投上市公司的第一大股东持股比例；Z_1、Z_2 分别表示有风投上市公司和非风投上市公司的第一大股东与第二大股东持股比例的比值。

从表 4-9 和表 4-10 中可以看出，有风投上市公司的 CR 指数和 Z 指数的平均值都比非风投上市公司要低，并且在统计上是显著的。而在初期调查中，使用截至 2010 年 6 月 30 日创业板有风险资本背景的全部 63 家上市企业数据所得出的相关结果恰与此相反，即有风投上市公司的 CR 指数和 Z 指数的平均值都略高于非风投上市公司。另外，单个风险投资机构的平均持股比例也由 2010 年的 7.33%上升到 7.72%。上述结果直接表明，风险资本的进入能够有效降低目标企业的股权集中度，使风险投资企业的资本结构更加合理；而风险资本对企业财务治理产生的影响在近年来尤为显著。由此可以推测：一方面，随着我国资本市场的不断完善和风险投资行业的迅猛发展，风险投资机构在进行投资时更加关注并积极解决目标企业的财务治理问题；另一方面，近年来国内风险投资机构的财力、人力和物力普遍有所提升，对具有潜在市场价值的企业加大了投资力度，风险投资机构能够通过资本结构的安排对目标企业进行有效的财务治理。

表 4-9　CR 指数双样本异方差 t-检验

	CR_1	CR_2	t统计量	$P(T \leqslant t)$ 单尾	t 单尾临界
平均	0.448 2	0.468 0	−0.870 3	0.192 9	1.656 6
方差	0.029 4	0.032 3			
观测值	249	81			
假设平均差	0				
df	131				

注：$\alpha=0.05$

表 4-10　Z 指数双样本异方差 t-检验

	Z_1	Z_2	t统计量	$P(T \leqslant t)$ 单尾	t 单尾临界
平均	3.752 0	4.099 8	−0.538 9	0.295 5	1.657 7
方差	19.847 0	27.270 2			
观测值	249	81			
假设平均差	0				
df	120				

注：$\alpha=0.05$

2）债务融资能力

在 330 家样本上市公司中，"D.水电煤气"、"L.商务服务"和"Q.卫生"三个行业不存在非风投上市公司；"E.建筑业"、"F.批发零售"和"G.运输仓储"三个行业的非风投上市公司仅有一家，结果不具有说服力；因此，只对"A.农林牧渔"、"C.制造业"、"I.信息技术"和"R.文化传播"行业的入样企业进行行业比较。统计结果显示（表 4-11），在占创业板企业数量较多的四个行业中，有、非风投上市公司上市前三年平均资产负债率均值的比较结果并不明显；但从全部样本企业的平均结果来看，有风投上市公司上市前三年平均资产负债率的均值（39.15%）略低于非风投上市公司（40.80%），整体上符合有风投上市公司债务融资能力略强于非风投上市公司的推测，风险资本的进入能够使企业的债务融资能力有所增强。对于行业比较不明显的结果，可能的原因有二：一是非风投上市公司的结果是以抽样统计方式得出，结果带有一定的偶然性；二是企业的融资能力受多种因素的综合作用，因此，风险资本作为影响因素之一对企业资产负债率的作用可能表现得不显著。

表 4-11　样本企业上市前三年平均资产负债率的均值比较（单位：%）

行业分类	有风投上市公司	非风投上市公司
A.农林牧渔	43.08	44.20
C.制造业	41.54	41.48
I.信息技术	28.99	28.83
R.文化传播	44.47	38.32
全部样本企业	39.15	40.80

综合两项资本结构指标的统计结果，风险资本在一定程度上能够使我国风险投资企业的股权结构多元化，股权集中度适度降低，债务融资能力适度扩张，资本结构得到合理改善。而随着风险投资机构投资能力和财务治理意识的提升，通过资本结构的合理安排以有效监督和激励风险企业家、提高企业财务治理有效性已成为财务治理的重要内容之一。

虽然风险资本在一定程度上改善了风险投资企业的资本结构，风险企业家所有权、经营权和监督权"三权合一"得到有效分离，但多数风险投资机构处于小股东的地位，风险企业家仍是最大股东并继续经营管理企业，是企业技术开发和创新的核心成员。因此，通过资本结构的有限改善并不能完全建立风险投资企业有效的财务治理体系。

2. 组织结构

风险投资机构通常会获取风险投资企业的董事会和监事会席位，以便进行决策和监督，同时通过委派管理人员等方式参与日常经营管理，提供增值服务。在 249 家有风投上市公司中，董事会有风险投资机构参与的有 184 家，占 73.90%；监事会有风险投资机构参与的有 97 家，占 38.96%（图 4-2 和图 4-3）；风险投资机构同时获得董事会席位和监事会席位的有 80 家；参与被投资公司董事会或监事会的多达 208 家。可以看出，我国风险投资机构通过董事会和监事会等组织结构对风险投资企业进行财务治理是一种普遍现象。同时，研究发现，在较早年份上市的风险投资企业中，风险投资机构委派管理人员到风险投资企业的财务等具体部门的情况极少，2010 年 6 月 30 日之前上市的全部 63 家有风投上市公司的披露中，只有 1 家企业的风险投资机构股东采取这种方式；而在最新的统计结果中发现，这一数量已经增加到 18 家（表 4-12）。这说明，随着人力、财力、物力的日渐雄厚，风险投资机构不仅能够为企业提供更多的增值服务，而且其参与企业日常管理和财务治理的意识大大提高。

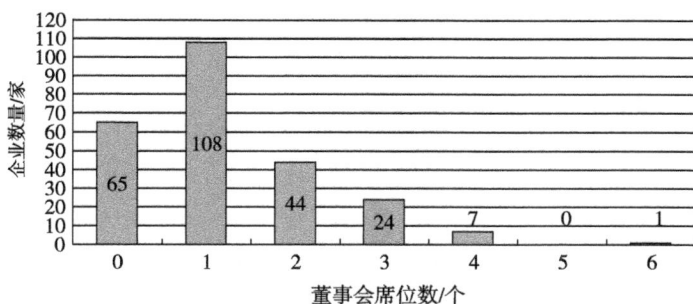

图 4-2　风险投资机构董事会席位数分布

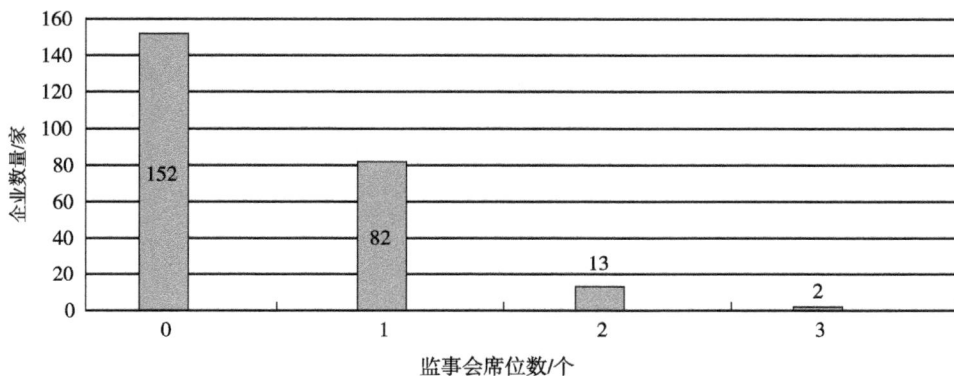

图 4-3　风险投资机构监事会席位数分布

表 4-12　风险投资机构参与管理的具体职务

A 股代码	A 股简称	上市日期	所属行业	风险投资机构参与管理的具体职务
300003	乐普医疗	2009 年 10 月 30 日	C.制造业	技术总监
300040	九洲电气	2010 年 1 月 8 日	C.制造业	财务总监、技术总监
300071	华谊嘉信	2010 年 4 月 21 日	L.商务服务	财务总监
300093	金刚玻璃	2010 年 7 月 8 日	C.制造业	财务总监
300118	东方日升	2010 年 9 月 2 日	C.制造业	技术总监、市场总监
300168	万达信息	2011 年 1 月 25 日	I.信息技术	首席技术官
300184	力源信息	2011 年 2 月 22 日	F.批发零售	电话及网络销售部经理、物流部经理
300193	佳士科技	2011 年 3 月 22 日	C.制造业	财务总监、副总工程师
300206	理邦仪器	2011 年 4 月 21 日	C.制造业	财务负责人、研发系统行政总监
300244	迪安诊断	2011 年 7 月 19 日	Q.卫生	财务总监
300258	精锻科技	2011 年 8 月 26 日	C.制造业	财务总监
300288	朗玛信息	2012 年 2 月 16 日	I.信息技术	研发二部经理
300306	远方光电	2012 年 3 月 29 日	C.制造业	技术总监
300328	宜安科技	2012 年 6 月 19 日	C.制造业	财务总监、销售总监
300333	兆日科技	2012 年 6 月 28 日	I.信息技术	产品二部经理
300342	天银机电	2012 年 7 月 26 日	C.制造业	财务总监
300382	斯莱克	2014 年 1 月 29 日	C.制造业	工程师
300389	艾比森	2014 年 8 月 1 日	C.制造业	工程师

　　风险企业家作为核心技术人员和管理人员，管理风险投资企业的日常事务；同时，风险企业家通常是最大的股东，在董事会具有举足轻重的地位。这也是风险投资家要积极参与董事会、监事会和日常管理的原因，同时也说明风险投资家与风险企业家之间存在组织结构上的博弈。在 249 家有风投上市公司中，有 51 家公司的创业者高管在风险资本进入后发生了变化，仍有 144 家公司的创业者高管（风险企业家）同时兼任董事长和总经理，占比 57.83%；而在非风投上市公司中，两权合一的比例仅为 45.70%。

　　3. 财权结构

　　风险资本一般不谋求对风险投资企业的控股。在风险投资中，风险投资家常常有必要让风险企业家在风险投资企业中拥有较大的股份，使其更有动力去努力工作。这是由于：一方面，风险企业家的人力资本对风险投资企业成功极为重要；

另一方面，创业者放弃稳定工作机会，承担较大的风险去创业，本身一个重要目的就是希望在成功之后获得较大的回报。这也是为什么风险投资企业经过一至二轮融资之后，风险企业家（有时还包括其他高层管理人员）仍常常持有超过 50%的股权，风险资本并不处于控股地位。在 2009~2014 年的统计数据中，风险投资机构合计持股比例超过 50%的风险投资企业仅有 30 家，这其中还包括由风险企业家实际控制的风险投资企业。因此，风险资本一般不谋求对风险投资企业控股的观点与现实情况相符。

在风险资本不控股的情况下，风险投资家在投资后对风险投资企业进行严格的监控，并拥有相应控制风险的手段。当风险资本不控股时，风险投资家凭借特殊的股权投资方式和自身管理才能、社会资源优势等在董事会和其他权力机构占有一席之地，拥有比持股比例更多的财务控制权常常是风险资本重要的保护措施。风险投资家在风险投资企业中的财务控制权通过董事会来实现，部分投资契约甚至规定风险投资家在财务决策时有特殊控制权，如一票否决权，这可以说是风险投资家的"杀手锏"（张帏和姜彦福，2002）。

我国风险投资企业中财务权力的分配存在类似情况。张帏和陈耀刚（2002）对 2000 年 9 月前成立、在大陆投资案例不少于 4 个的 35 家国内外风险投资机构在大陆进行投资时的制度安排进行了调查。调查研究表明，大部分风险投资机构通常拥有比其持股比例更大的控制权，如所有的风险投资机构均要求至少有一个董事会席位，除非其股本比例过低；董事会的开会频率相对于一般企业要高得多，35 家创业投资机构中有 21 家要求企业至少每季度开一次董事会，而 13 家海外创业投资机构中有 3 家甚至要求企业一个月开一次董事会。创业投资机构对所投资企业的信息披露要求比一般企业高，尤其是财务信息，35 家创业投资机构中有 28 家要求创业企业提供月报。一些创业投资机构要求对创业企业的一些重大事项拥有否决权，尤其是海外创业投资机构。13 家海外创业投资机构中有 8 家普遍在创业企业中拥有一票否决权，有 3 家在部分创业企业中拥有一票否决权（张帏和陈耀刚，2002）。在考察创业板上市风险投资企业时，由于具体的风险资本投资条款无法考证，我们用风险投资机构董事会席位的比例大于合计持股比例来表示风险投资具有一定的特殊财务权力。62 家有风投上市公司中，有 28 家公司的风险投资家有特殊财务权力，这也进一步证明了风险投资企业财权结构的特征，即风险资本通常拥有比其持股比例更多的财务控制权。

在财务监督权方面，风险投资家通过参与企业的管理，要求在董事会、监事会中拥有至少一个席位以监督风险企业家，所耗费的时间占整个工作时间的四分之一（图 4-4）。

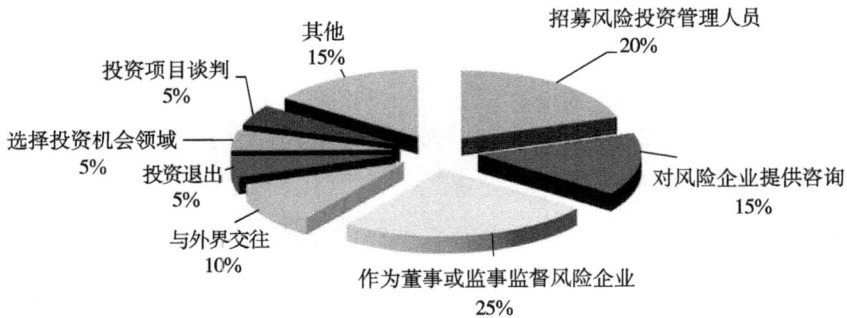

图 4-4　风险投资家的典型工作时间分配

资料来源：互联网周刊

4.2.2　风险投资企业财务治理机制现状分析

我国风险投资企业财务治理机制普遍采用的方式是联合投资和分阶段投资。在联合投资方面，众多的风险投资机构的投资理念中都包含联合投资。优势资本投资理念之一是"协助或受托尽职调查，提供投资建议或联合投资"；深创投的理念之一是"建立引导基金网络，提升搜寻项目和联合投资的能力"。在 249 家样本上市风险投资企业中，共牵涉到 457 家风险投资机构，平均每家公司接受风险投资机构投资的个数为 1.84 个，仅有 53 家公司未接受风险投资机构联合投资（图 4-5），接受联合投资风险资本的有 196 家，占 78.71%。其中，对中文在线（300364）投资的风险投资机构有 15 家，持股比例最高的风险投资机构启迪华创持有 18.68%的股份，持股比例最低的金信祥泰创投仅持股 0.15%，全部风险投资机构合计持股比例为 46.45%；对凯利泰（300326）投资的风险投资机构有 12家，持股比例最高的是上海欣诚意投资有限公司，持有 12.48%的股份，持股比例最低的艾普投资和莱艾福投资，各持股 1.96%，全部风险投资机构合计持股比例为 47.72%。

从创业板上市公司接受风险投资机构联合投资的整体情况及联合投资中风险投资机构持股比例的绝对差可以看出，联合投资已成为我国风险投资市场普遍采用的一种财务治理机制，这不仅有助于弥补单个创投公司投资在资金规模和为风险投资企业提供增值服务上的不足，而且通过适度的投资组合安排达到分散风险的目的，为规模较小、风险承受能力较弱的创投公司提供更广阔的业务市场。因此，无论对风险投资企业还是风险投资机构来说，联合投资都是一种有效的财务治理机制。另外在分阶段投资方面，有 80%以上的上市公司被采取分阶段投资[①]方式。

---

① 多家风险投资机构对同一家公司投资的时间不一致也被计入分阶段投资。

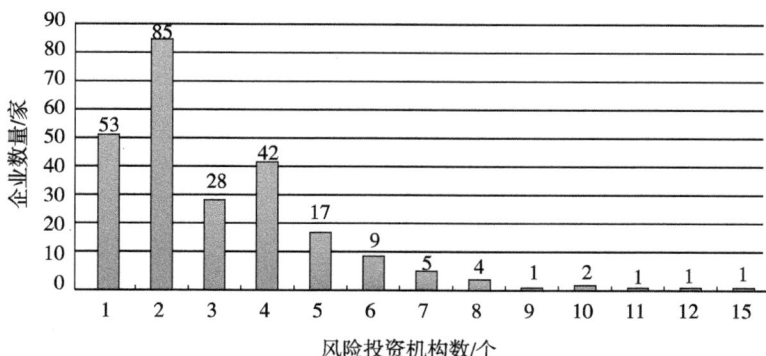

图 4-5 联合投资的风险投资机构数分布

1. 相机治理机制

相机治理机制主要表现形式是：风险投资家与风险企业家在签订投资契约中，经常包含一些财务或者非财务的相机性的条款，对风险企业家的经营成果做出规定。如果风险投资企业的经营状况达到投资契约中规定的条款或相机事件，风险企业家的财务增加；但如果风险企业家不能完成投资契约中的经营目标时，风险投资家则获得相应的财务权力。Kaplan 和 Strömbeg（2003）调查的 213 次投资的样本中，有 18%的投资合约有明确的财权相机控制条款。

中国风险投资中的相机性条款可以分为财务指标和非财务指标两类（表 4-13 和表 4-14）：①财务业绩相机性条款规定，投资完成后，若被投资企业没有达到业绩指标，则双方同意按约定的股权调整方法重新计算调整双方的股权比例；②非财务相机性条款，如关于上市的条款，被投资企业在一定年度不能上市，风险投资机构要求其原始股东对股份进行回购。由于相机性条款给公司的股权带来不确定性，产生的风险较大，中国证监会对拟上市企业中的相机性协议不认同。因此，拟上市公司选择不披露相关的相机性条款，相机性条款被掩盖起来。

表 4-13 风险投资中控制权相机条款

指标类型	条款内容
财务指标	若企业完成净利润指标，则股权比例保持不变 若企业净利润未达到指标要求，则管理层转让规定数额的股份给风险投资方
非财务指标	若企业的新增连锁店达到规定数量，董事会席位不发生变化；若企业新增连锁店未达到数量要求，则风险投资方的董事会席位增加三个 如果风险投资企业不能上市，原始股东应回购相应股份

表 4-14 风险投资控制权相机简单案例

投资概述	股权设计	股权相机条款
1997 年年底华平注资 1 100 万美元入股亚信，取得少数股权	11%	如亚信未能实现约定的增长目标，华平持有的股权比例自动升至 22%

续表

投资概述	股权设计	股权相机条款
2002年12月，摩根士丹利、鼎晖、英联向蒙牛投资入股2 600多万美元共持蒙牛乳业少数股权	32%	2003~2006年，蒙牛乳业的复合年增长率不低于50%。若达不到，公司管理层将转让给摩根士丹利约6 000万~7 000万股的上市公司股份；如果业绩增长达到目标，摩根士丹利等机构就要拿出自己的相应股份奖励给蒙牛管理层，蒙牛管理层将保持控制权
2005年年初，摩根士丹利及鼎晖以5 000万美元认购上海永乐家用电器少数股权	27.31%	若2007年（可延至2008年或2009年）净利润高于7.5亿元，外方将向中方转让4 697.38万股；如果净利润不高于6.75亿元，中方将向外方转让4 697.38万股；如果净利润不高于6亿元，中方向外方转让9 394.76万股
2005年年初，高盛以3 000多万美元的价格置换了江苏雨润食品的少数股份	9%	若2005年雨润净利润在2.63亿~3.25亿元，中方需将至多2.81%的已发行股份转给外方；若净利润少于2.592亿元，中方需以溢价20%的价格赎回外方所持股份
2006年2月，华平认购国美电器发行的1.25亿美元可转换债券及2 500万美元认股权证	0%	一旦债券及认股权证获悉数转换及行使，华平将持有1.766 8亿股普通股，占国美电器总发行股本约9.71%，成为国美电器的第二大股东
2007年9月，红衫和海纳投资重庆某餐饮连锁企业，第一轮投资800万美元，取得少数股权	13%	若该餐饮连锁企业以后三年新增连锁店没有达到100家，风险投资方的股权比例自动提高到15%
2012年阿里巴巴回购雅虎手中20%的股权，雅虎放弃了董事会的一席	10%	阿里巴巴集团若在2015年12月前成功上市，则有权在IPO之际回购雅虎持有的剩余股份中的50%

相机性条款在风险投资中的实际运用十分广泛。例如，在对重庆某风险投资企业进行实地调研和访谈发现，该风险投资企业与风险资本签订了对赌协议："如果风险企业家没有在3年以内新增100家连锁店和没有达到相应的财务业绩，风险资本所占的股份将从13%增至15%，并取得其他财务权力。"又如，控制权的相机治理可以很好地体现在阿里巴巴集团与雅虎的"股权之争"中。根据2005年雅虎以10亿美元加上雅虎中国的资产兑换阿里巴巴集团约35%的股份时所签订的协议，从2010年10月起，雅虎投票权将增至39%，马云等管理层的投票权降为31.7%，雅虎在阿里的董事会席位将增至两席，这预示着股权和投票权都不占优势的马云失去公司控制权的可能。经过"支付宝事件"和阿里巴巴B2B(business-to-business，即企业到企业的电子商务模式)公司在港交所以发行价退市的连续刺激之后，2012年阿里巴巴以76亿美元回购雅虎手中20%阿里股份，并协议阿里巴巴集团若在2015年12月前成功上市，则有权在IPO之际回购雅虎持有的剩余股份中的50%。最关键的是，此次协议中雅虎还放弃了董事会的一席，至此阿里巴巴的四人董事会架构中，管理层占两席，雅虎及软银各占一席。马云实际已重掌公司的控制权，但实际上，只有在阿里巴巴集团完成合格的IPO时，上述回购约定才生效。对于马云来说，完成与雅虎签订的"合格IPO"协议并不难，难的

是如何在保证公司控制权完整的前提下成功上市，这也是迫使阿里巴巴"不得不上市，并且要尽早上市"的重要原因之一。2015 年 4 月 1 日，阿里巴巴在纽交所上市仅仅半年后，便宣布与雅虎达成交易协议，以 76 亿美元的价格回购雅虎持有阿里巴巴的剩余股份的 50%。此项交易完成后，阿里巴巴、雅虎和软银的股权比例维持在 2∶1∶1，且雅虎将放弃委任第二名董事会成员的权利和一系列对阿里巴巴集团战略和经营决策相关的否决。此时阿里巴巴集团的实际控制权终于得到进一步强化，牢牢掌握在马云手中，关键时刻阿里巴巴集团的投票权将超过50%。

2. 提供增值服务

风险资本是权益资本和人力资本的结合，风险投资家不仅为风险投资企业提供资金，还积极参与风险投资企业的经营管理，提供增值服务，获取财务管理权（表 4-15）。硅谷最著名的风险投资机构 KPCB 的合伙人 Brook Byers 认为风险投资家积极参与管理有以下利益：因为积极参与一家新公司的成长而得到很大的个人成就感；因为参与而得到商业和技术方面的磨炼；如果需要突然更换管理团队，能发挥过渡作用，避免产生真空；因了解投资案的每个细节，能对追加投资或撤资做出明智的决策；增强了吸引外地投资人的能力，成为他们在当地的"观察员"；能成为被投资公司高层管理人员的忠实听众，作为非雇员做出客观的评断；带来广大的关系网，对分散产品线、合资合作、国际化策略、金融管理、策略咨询等提供意见和帮助；对特殊项目的制订，如兼并、薪资方案、高层人选等，做出独立而审慎的判断；帮助新公司井然有序地安排私人股权募资；在公开上市前后跟投资界保持良好的沟通（郑劲松，2002）。

表 4-15　著名风险投资机构参与管理和增值服务的主要内容

风险投资机构	参与的管理和增值服务
清华创业投资	利用清华创投的经验和资源为企业的发展计划、财务管理、组织架构及法律事务等提供咨询服务
北京科技风险投资公司	决策与经营管理：派往投资企业的董事、监事、财务经理对企业重大事项履行应有的决策管理职能
广州风险投资集团	股权结构优化、资产结构优化、财务融资结构优化、企业管理特别是财务管理的规范化
广东高特佳投资集团有限公司	为公司提供发展战略、盈利模式、生产经营、财务管理方面的管理咨询服务
维众投资	积极参与和跟踪所投企业的管理，帮助创业企业迅速度过初创期，进入快速发展的轨道
IDG	为创业企业的发展计划、财务管理、组织架构及法律事务等提供战略性指导

资料来源：由各风险投资机构网站资料整理得到

风险资本投资企业时，说明风险投资企业的管理团队得到风险投资家的认同。同时，风险投资家有权了解企业的经营过程，参与风险投资企业的管理可以减少信息不对称。但可能的情况是，企业的经营环境在不断地变化，原来的企业计划没有适时的修正，导致错失市场良机，企业竞争力下降，这时风险投资家和企业管理层对企业经营管理权的争夺变得激烈，甚至出现风险投资家架空或更换管理层的情况。

3. 可转换证券投资工具

可转换证券是风险投资财务治理的重要工具。国外风险投资中普遍采用可转换证券对风险企业家进行激励和约束。由于中国中小企业发行可转换证券受政策的限制，风险投资大多是普通股形式的投资，因此，可转换证券的优势在中国风险投资财务治理中不能体现。中国人民银行在其 2010 年工作会议中首次提出将研究中小企业发行可转换债务融资工具，这将成为中国风险投资行业发展的契机。

4.2.3　风险投资企业财务治理现状的典型案例研究

1. 案例过程①

深圳市同洲电子股份有限公司（简称同洲电子）成立于 1994 年，是一家以数字电视、卫星通信、光通信等领域的宽带通信产品及 LED（light emitting diode，即发光二极管）光电显示系列产品为业务方向的现代化民营高科技企业。

2001 年 2 月，达晨创投联合深创投、深圳市高新投集团有限公司（简称高新投）和深港产学研创业投资有限公司（简称产学研创投）共同投资 2 000 万元入股同洲电子，4 家风险投资机构合计持股比例为 25%，其中达晨创投持股比例为10%，深创投持股比例为 8%，产学研创投持股比例为 5%，高新投持股比例为 2%。2001 年同洲电子改制为股份公司，风险投资机构占同洲电子 7 个董事会席位（2 个独立董事）中的 3 席。同时，达晨创投委派公司高管陈立北担任同洲电子副总经理。

4 家风险投资机构在随后几年继续为同洲电子提供资金支持，先后提供担保贷款 4 000 万元。此外，其中三家风险投资机构还提供了多方面的增值服务。达晨创投的大股东电广传媒通过其在广电行业的影响力帮助同洲电子获取重要订单；深圳创新投以深圳市国资委的背景为同洲电子争取深圳市政府的政策和资金扶持；产学研创投利用高校资源为同洲电子提供管理、技术等专业服务。

---

① 本案例依据《融资中国》、中国风险投资网等资料整理。

　　在随后的几年，同洲电子进入高速增长期，生产规模年增长率达 100%，自 2002 年开始快速增长，销售额由投资前的不到 1 亿元发展到 2007 年的 18 亿元。2006 年 6 月，同洲电子在深交所中小板挂牌上市，被誉为中国创投里程碑事件，也是中国本土风险投资机构在国内资本市场退出的第一个成功案例。

　　2. 案例分析

　　1）同洲电子资本结构

　　中小高新企业股权比较集中，风险资本投入可以适度改善风险投资企业的股权结构，使之分散和多元化。同洲电子在风险资本投入以前股本结构为：公司创始人袁明及兄弟持股 80.1%，其他 5 位自然人持股 19.8%，股权集中度非常高。达晨创投等 4 个风险投资机构投资以后，同洲电子最大股东持股比例为 56.59%，达晨创投持股 10% 成为第二大股东，股权集中度大幅度降低。风险资本的投入还增强了同洲电子的债务资本融资能力。除了风险投资机构提供的 4 000 万元担保贷款以外，同洲电子的信贷额度也从投资前的 300 万元增加到 2 000 万元。

　　2）同洲电子组织结构和财权结构

　　同洲电子作为家族式中小企业，其发展瓶颈之一是没有建立完善的内部组织结构，不能科学地决策和管理。风险投资机构通过风险投资企业董事会、监事会，参与分析企业的决策和对管理层进行监督。本案例中，风险资本进入以后同洲电子即完成公司改制，建立了现代化公司内部组织结构，形成科学管理机制和决策机制。风险投资机构合计持股比例为 25%，但 4 家风险投资机构共获得 5 个非独立董事会席位中的 3 席，同时委派管理人员担任同洲电子副总经理，表明风险投资机构获得比其持股比例更多的财务控制权，这与风险投资企业财务治理的现实和特性相契合。同洲电子的创立者仍持有最高比例的股份，担任公司的董事长，并作为公司技术和管理的核心成员兼任公司总经理，可见风险企业家在风险投资企业组织结构中的重要性。同洲电子的最高决策机构为董事会，每一董事享有一票表决权，董事会做出决议，必须经全体董事的过半数通过。因此，本案例中风险企业家虽然控股，但并没有完全掌握财务控制权，让渡更多的财务控制权是为获得发展所需的资金所付出的代价。

　　3）财务治理机制

　　本案例中的财务治理机制包括分阶段投资、联合投资和提供增值服务。风险投资第一轮投资投入 2 000 万元，第二轮投资提供担保贷款 4 000 万元。达晨创投等 4 家风险投资机构对同洲电子采取联合投资的方式，提高了风险投资机构在同洲电子的话语权，包括获取更多的董事会席位和委派管理人员等。联合投资加强了风险投资机构对被投资企业的影响力和对风险投资企业的监管。4 个风险投资机构以自己的优势，从市场、管理、政府和社会资源方面为风险投资企业提供全方位的增值服务，包括委派有证券方面工作经验的投资经理到企业中辅助同洲电子上市，都为风险投资企业的发展和风险投资的退出打下坚实的基础。

4.3　风险投资企业财务治理影响财务治理效率的研究设计

前文在对风险投资财务治理目标进行分析时，提出"风险投资财务治理的目标是通过资本结构、组织结构和财务权力结构的配置……减少风险投资各主体的委托代理成本，实现利益相关者利益最大化"，又提出"最优财务目标"的实现依赖于"财务治理相关.总成本最小化"。这里的"资本结构、组织结构和财务权力结构"正是财务治理结构的三大组成部分；"财务治理相关总成本"包括财务治理直接成本和剩余损失，根据成本收益原则，"财务治理相关总成本最小化"又可以表述为"财务治理成本最小化的同时实现财务治理收益最大化"。从效率的角度看，效率衡量的是收益与成本或投入与产出之间的关系，因此，财务治理目标正是追求财务治理的有效性，即财务治理的根本目标是实现财务治理效率最大化，而财务治理目标的实现依赖于通过财务治理结构合理配置企业财权。

目前，直接对财务治理效率的研究以张荣武博士的"财务治理效率论"较为系统，其透彻地分析了财务治理机制的效率释放机理，为财务治理效率的研究奠定了理论基础。但现有研究对财务治理效率的实证分析却不足，尤其是从财务治理结构的角度并结合风险投资企业的特殊性更为少有。因此，我们从财务治理成本和收益的角度对风险投资企业财务治理结构影响财务治理效率进行实证分析，既是对现有研究少有实证分析的补充，又意在基于对创业板风险投资企业财务治理现状有更加客观的认识和评价，为后续风险投资企业财务治理特性分析和财务治理体系构建提供有力依据。

4.3.1　研究对象

创业板市场又称二板市场，是一个专为暂时无法在主板市场上市的创业型企业、中小企业和高科技产业企业等需要进行融资和发展的企业提供融资途径和成长空间的证券交易市场。与主板市场相比，在上市门槛、监管制度、信息披露、交易者条件和投资风险等方面，创业板的要求往往都更加宽松。在创业板市场上市的公司大多从事高科技业务，虽然成立时间较短、规模较小，业绩也不突出，但具有很大的成长潜力。可以说，创业板是一个门槛低、风险大、监管严格的股票市场，也是一个孵化科技型、成长型企业的摇篮。也正因如此，我国创业板上市企业存在诸多问题。例如，发展过程呈现"三高"的典型特征，即高度的不确定性、高度的成长性和高度的信息不对称性；家族化严重，股权结构单一，创业者一股独大，财务治理结构不合理，公司治理效率低下；资金超募现象严重，造成不必要的资源浪费；等等。同时，创业板也是我国风险投资集中存在的场所，既吸引着大量风险资本的投资，又是风险资本退出的重要渠道。截至 2014 年 12 月 31 日，创业板 406 家上市公司中，有 60% 以上的企业有风险资本背景。深圳创业板作为我国中小企业最重要的融资发展平台，不仅直接影响我国中小企业的成长发展，而且关乎我国风险投资市场机制的健全，对我国经济结构调整和创新型国家建设都有着至关重要的影响。

因此，本书以我国创业板上市公司为对象，从财务治理结构和财务治理机制两方面入手，研究分析其存在的财务治理问题，以期优化财务治理结构，提高财务治理效率，从而为我国创业板市场和风险资本市场的持续发展提供有价值的政策建议。

4.3.2　研究假设

1. 资本结构对财务治理效率的影响假设

资本结构的三种含义中最常使用的是股权结构和股权—债权结构两种含义。基于前文对风险投资企业财务治理现状考察的分析，我们用股权集中度（CR_1，第一大股东持股比例）和 Z 指数（第一大股东持股比例/第二大股东持股比例）来表示股权结构，用资产负债率表示股权—债权结构，并提出资本结构治理对财务治理效率影响的三个假设。

（1）股权集中度。股权作为股东投入企业的自有资本，代表投资者的权益。股东拥有与股权大小相匹配的收益权和投票权，第一大股东持股比例越高，则企业股权集中度越高。大量研究表明，股权集中度与公司绩效、公司治理效率或财务治理效率呈倒"U"形曲线关系。若股权高度集中，实际控制人与企业的利益越有可能趋于一致，在一定程度上能够减少公司治理下两权分离导致的委托代理问题，控制财务治理成本，提高财务治理效率，但容易造成大股东侵占小股东利益的"便利"。我国大型上市公司存在严重的大股东侵占小股东利益现象也正是因为股权集中度过高。若股权高度分散，企业所有权与经营权基本分离，股东缺少参与企业治理和财务治理的积极性，决策效率低下，同时，"人人想管事，人人管不了"的局面也容易引发控制权争夺之战。因此，股权适度集中既能够提高股东参与管理的积极性，削减委托代理问题的不利影响，又能够适度减少中小股东"搭便车"的行为。创业板的风险投资企业,一般是由风险企业家创立,风险投资家通过评估、筛选将风险资本投入风险投资企业,并成为风险投资企业的股东,但考虑到风险企业家具有强烈的自我激励精神,风险投资机构往往不要求绝对控股。因此,有限的资金渠道导致风险投资企业股权集中程度相对较高,但也更有利于风险企业家创业和创新精神的发挥。由此,我们提出第一个假设。

假设一:股权集中度(第一大股东持股比例)与风险投资企业财务治理效率正相关。

(2) Z 指数是指第一大股东与第二大股东持股比例之比。一方面,Z 指数越大,第一大股东与第二大股东的力量差异越大,第一大股东的优势越明显,说明第一大股东对企业有更好的控制能力,对公司运作及股价的市场表现有较大影响,有利于减少委托代理成本,提高财务治理效率;另一方面,Z 指数在一定程度上可以认为是企业股权制衡的特殊情况,适度的股权制衡约束控股股东侵占其他股东利益的行为,有利于完善公司治理结构,进而提高财务治理效率。根据 Z 指数的计算公式可知,Z 指数与股权集中度实际上呈负相关关系:Z 指数越大,说明股权集中度越高;Z 指数越小,则股权集中度越低。由此看来,股权集中度与 Z 指数在对企业财务治理效率的影响上也互为反方向。因此,我们提出第二个假设。

假设二:Z 指数(第一、第二大股东持股比例之比)与风险投资企业财务治理效率负相关。

(3) 资产负债率。代理成本理论认为企业资本结构会影响管理者的尽职程度和其他行为选择,从而影响企业未来现金收入和企业市场价值。在企业所有权和经营权分离的情况下,经理人作为代理人,与委托人之间往往存在潜在的利益冲突,这使经营者更倾向于以在职消费等方式追求个人享受,工作积极性不高,代理问题由此产生。而企业债权筹资引入债权人对企业进行一种外部监督,在一定程度上能够缓解股东与经理人间的代理冲突:一方面,债权人的利益在于按期收取利息和到期收回本金,由于信息的不对称性,债权人通常在合同中设置附加的保护性条款。例如,对利息费用、债务期限做出规定,这些约束条款导致企业自由现金流量的减少,自然能够在一定程度上限制经理人对自由现金流量的滥用。另一方面,《中华人民共和国企业破产法》基于对债权人利益的保障,提出当公司无力偿还到期债务本息进而面临破产清算时,债权人可以通过优先清偿债权或申报破产债权来减少损失,这不仅造成企业价值的直接损失,而且对经理人来说也是一种声誉损失。因此,债务融资既是企业资金来源之一,也是一种激励监督机制,无形中约束管理者在职消费的不作为和无效率的过度投资行为,妥善处理企业的经营管理问题。同时,负债筹资也可能导致另一种代理成本,即企业接受债权人监督而产生的成本,主要是企业需支付的融资成本和签订债务合同发生的成本。但对于风险投资企业来说，债务融资不足因而以股权融资为主是多数企业的融资现状，尚不存在债务资本过高的问题。因此，我们认为，适当提高债务融资比率有利于提高财务治理效率，并提出假设三。

假设三：资产负债率与风险投资企业财务治理效率正相关。

2. 组织结构对财务治理效率的影响假设

风险投资企业不同于一般企业，一般由创业者创立后，引入机构投资者的风险资本，风险投资机构成为风险投资企业的股东之一。风险投资企业股东较少，所有的股东都可以是董事会成员，风险企业家往往是企业最大的股东，在董事会中也有举足轻重的地位。但也正因如此，风险投资机构虽不谋求对风险投资企业的绝对控股，却积极参与企业的管理与监督，通常会要求在董事会或监事会拥有一个或一个以上的席位。一方面，风险投资家用自己的专业知识和管理经验为风险投资企业提供增值服务，能够弥补风险企业家缺少管理能力与经验的不足；另一方面，风险投资家拥有董事会席位在一定程度上对风险企业家起到制衡的作用，减少信息不对称的弊端，而监事会席位则能够保证风险投资机构直接行使监督权。因此，我们提出两个假设。

假设四：风险投资机构拥有董事会席位与风险投资企业财务治理效率正相关。

假设五：风险投资机构拥有监事会席位与风险投资企业财务治理效率正相关。

审计委员会是董事会所设的负责对内部会计控制、审计和公司其他财务事项实施监督的专门委员会，具有较强的权威性和独立性。审计委员会可以加强对公司财务方面决策的控制与监督，从而有效防范上市公司管理层利用不实财务报告掩饰其经营不善等问题的出现（Fama and Jensen，1983），审计委员会的独董比例、专业胜任能力与企业内部审计效率、内部控制质量也都存在正相关关系（Krishnan，2005）；有效的审计委员会能够减少上市公司盈余管理的空间，使其信息披露更加规范，提高财务报告质量（陈小林和胡淑娟，2008）。根据上市公司治理准则的规定，上市公司设置审计委员会已较为普遍，但风险投资机构参与审计委员会并发挥监督管理作用的情况参差不齐。由此提出第六个假设。

假设六：风险投资机构参与审计委员会与风险投资企业财务治理效率正相关。

公司治理中对董事长与总经理两职合一的领导权结构提出两种观点：一种观点认为，两职合一使总经理集董事长大权于一身，更倾向于利用职务便利损害股东利益而追求自身利益最大化；而另一种观点则认为，两职合一便于总经理与董事会进行信息沟通，能够进行有效的集中决策和领导，董事长的权力对总经理来说也是一种个人激励和约束，激发其工作积极性进而减少代理成本。对风险投资企业来说，风险企业家是企业的创始人，具有强烈的创新精神和实现自我激励的动力；此外，风险企业家作为难以替代的核心技术人员和管理人员，对企业的日常经营状况有更好的掌握。风险投资机构将风险资本投入目标企业时，既关注企业管理团队的素质与业绩，也通常考虑到上述原因并选择不更换风险投资企业的高层管理人员。因此，我们提出第七个假设。

假设七：董事长与总经理由一人兼任与风险投资企业财务治理效率正相关。

企业的高级管理人员是指公司管理层中担任重要职务、负责公司经营管理、掌握公司重要信息的人员，主要包括经理、副经理、财务负责人、上市公司董事会秘书和公司章程规定的其他人员。企业高管是企业运营的核心人物，是完成董事会目标的执行者。风险资本在投资风险投资企业前进行项目评估时，管理层素质通常是风险投资家决定投资与否的重要因素。在创业企业尤其是创业板企业中，在风险资本进入前，企业的创业者一方面作为企业持股较高的股东参与决策，另一方面也是企业的核心技术人员和管理者，参与企业的日常经营管理。风险资本进入目标企业，考虑对风险企业家们的激励作用，一般不采取直接更换企业高管的方式，由此提出假设八。

假设八：风险投资机构进入后高管人员发生变动与风险投资企业财务治理效率负相关。

3. 财权结构对财务治理效率的影响假设

风险投资机构通常拥有比其持股比例更多的财务权力。例如，在投资初期，风险资本虽然所占股份较少，但风险投资机构仍会要求拥有一个或一个以上的董事会席位，并通过合理的契约安排拥有一票否决权等特殊财务权力或风险资本退出方式决策权等重大财务决策权；在财务监督权方面，既可以体现为风险投资机构拥有监事会席位数和是否参与审计委员会，又可以表现为风险投资家能够参与风险投资企业管理，进而减弱信息的不对称性。鉴于具体的风险投资条款无法考证，我们以风险投资机构占董事会席位比例大于合计持股比例来表示风险投资机构拥有特殊财务权力，并提出假设九。

假设九：风险投资机构拥有特殊财务权力（风险投资机构董事会席位比例大于合计持股比例）与财务治理效率正相关。

风险资本多是以多家风险投资机构联合投资的方式进入风险投资企业，因此，参与联合投资的风险投资机构其利益是趋于一致的，可以把联合投资的多家风险投资机构看做一个利益整体。风险投资机构合计持股比例越高，对风险投资企业的控制也越大，因此我们将风险投资企业合计持股比例作为对风险投资机构与风险企业家之间财权配置整体情况的衡量。风险投资家将风险资本投资到目标企业通常是分阶段的，且在企业经营发展过程中也可以有其他更多的风险投资机构介入，风险投资机构合计持股比例也随之增加。反过来想，若风险投资机构愿意继续增资或有新的风险投资机构介入，则说明企业的经营业绩较好，能够达到风险投资家的预期，有更多的资金和更多投资机构提供增值服务，均有利于风险投资企业的未来发展。另外，风险投资机构合计持股比例高也表示风险投资机构拥有更多的发言权，对企业的财务治理和经营发展都更具影响力。因此，我们提出第十个假设。

假设十：风险投资机构合计持股比例与风险投资企业财务治理效率正相关。

限售期是指对某一类股东持有的股票约定在持有一定期限后方可在二级市场交易流通。限售期到期后，市场上流通股数量将增加。如果受限股东在到期后大举卖出公司股票可能引发股价下跌，特别是公司大股东和高级管理人员大量卖出股票的行为，容易被市场理解为公司内部人士不看好公司股票的前景。IPO 是风险资本退出的重要途径之一，风险投资机构在企业上市时承诺的限售期长短在一定程度上能够反映风险投资机构对企业未来发展的信心和对潜在市场价值的预期。因此，我们假设风险投资机构承诺的限售期越长，说明其对企业投资的决心越强，越看好企业的市场前景，进而越有利于提高企业的财务治理效率，并提出假设十一。

假设十一：风险投资机构承诺上市后限售期长与风险投资企业财务治理效率正相关。

与单独投资相比，风险投资机构在联合投资形成的投资网络下，能够整合更多的资金、管理经验和客户等专业资源，便于为企业提供更佳的增值服务。风险资本趋向于以联合投资的方式介入企业，一方面，弥补了规模较小的风险投资机构在资金、人力等方面的不足，降低投资风险；另一方面，声誉较好的风险投资机构作为主投资方能够吸引更多的跟投机构，因此，参与投资的风险投资机构数量越多，在一定程度上能够反映目标企业存在较大的潜在价值。有效的联合投资既能降低投资成本和风险，又能通过风险投资机构间的协同管理以提高目标企业的财务治理效率。因此，我们提出最后一个假设。

假设十二：联合投资与风险投资企业财务治理效率正相关。

4.3.3　变量选择

1. 被解释变量

收益与成本或投入与产出的对比关系是效率的本质内涵。财务治理效率最大化的核心是剩余财务索取权与剩余财务控制权相匹配；基本衡量标准是财务治理收益与财务治理成本的对比。风险投资财务治理的目标是通过合理的财权配置，减少风险投资各主体间委托代理成本，提高财务治理效率，以保证利益相关者利益最大化的实现。由此可以看出，财务治理的目标不仅仅是追求财务治理效率，其最终目标应与企业整体财务目标相一致，即在保障股东基本权益的基础上强调所有企业利益相关者的利益，亦即实现企业价值的最大化。

1）财务治理收益

财务治理效率论认为，财务治理收益是指财务治理主体的效用总和或共同剩余。我们认为，财务治理收益实际上可以反映为企业的经营业绩，具体分为财务业绩和市场价值。财务业绩反映企业的整体财务状况，包括营利能力、营运能力、债务偿还能力和企业成长性四个方面。现有研究或选用净资产收益率（return on equity，ROE）、总资产收益率（return on assets，ROA）、每股收益等典型营利能力指标来代表衡量企业财务业绩，或直接从企业整体财务状况的四个方面入手。我们选取总资产收益率作为财务治理收益的替代变量。一方面，ROE 是中国证监会对上市公司进行 IPO、配股和特别处理（special treatment，ST）的考核指标，企业在临近上市前对这一指标进行盈余管理的倾向比较严重；另一方面，总资产收益率代表的是企业利用资金进行盈利活动的基本能力，是反映企业资产综合利用效果的指标，也是衡量企业利用债权人和所有者权益总额所取得盈利的重要指标。因此，相比于其他以净利润为计算基础的指标，总资产收益率相对稳定，不易被操作，在一定程度上缩小盈余管理的空间，可靠性相对较强；而且基本能够反映出企业资产的利用效果，可用来说明企业运用其全部资产获取利润的能力。

2）财务治理成本

财务治理成本是指企业财务治理体系下为实施各种财务治理活动所发生的成本总和。财务治理效率论从企业内外部利益相关者的角度将财务治理成本划分为财务主体的交易成本、代理成本、组织成本、执行成本、市场治理成本和制度摩擦成本等八类。而我们认为，在风险投资特有的双重委托代理关系下，对于风险投资企业来说，如何协调、安排风险投资家与风险企业家间的财务治理结构，解决二者互为委托代理的问题，合理控制委托代理成本的发生是减少财务治理成本的关键。代理成本从资本结构的角度来看，包括第一类代理成本（权益代理成本）和第二类代理成本（债权代理成本），权益代理成本又包括投资者与管理者之间的代理成本和投资者之间的代理成本。因此，本书认为风险投资企业的财务治理成本主要是委托代理成本，具体为第一类代理成本中投资者与管理者之间的代理成本和第二类代理成本。考虑到成本的可计量性和数据的可获得性，我们以管理费用率和财务费用支出率作为财务治理成本的替代变量。

管理费用率（管理费用/主营业务收入）作为股权代理成本的替代变量，衡量经营者对额外消费和其他代理成本的控制，反映经营者尽职尽责的程度。公司治理两权分离下，公司经理可能以损害股东利益为代价而追求个人利益。例如，给自己支付过多报酬、享受更高的在职消费、追求短期业绩而过度投资等，这些行为都造成委托代理成本的增加，也损害企业的长期利益。财务费用支出率（财务费用/负债总额）作为债权代理成本的替代变量，是债权人与股东间存在利益冲突的反映。债权人的利益在于收取利息和到期收回本金，而股东追求的是企业剩余利益，当某项投资能够产生远高于债务面值的收益时，即便成功的概率很低，股东也可能会选择这一高风险投资项目，而债权人不愿为股东的超额收益承担风险，因此会通过提高利率或签订限制性债务合同条款等方式维护自己的利益，这就造成了企业的债权代理成本。鉴于风险投资企业债务融资困难的事实和资产负债率普遍较低的现状，用财务费用支出率作为债权代理成本的替代变量不仅仅是为了反映企业债务负担成本，也意在评价风险投资企业是否充分利用债务融资资本成本较低的优势和债权人外部监督机制以降低财务治理成本。

　　3）企业价值

　　前文分析，财务治理的目标不仅仅是追求财务治理收益最大化和财务治理成本的最小化，其最终目标应与企业整体财务目标具有一致性，即实现企业价值的最大化，因此，本书除了从财务治理收益和财务治理成本的角度来评价财务治理效率外，还选择托宾 Q 值作为企业价值的替代变量。托宾 Q（TQ）是经济学家托宾提出的衡量公司纵向的价值成长能力的指标，是公司市场价值对其资产重置成本的比率。公司的金融市场价值包括公司股票市值和债务资本的市场价值，重置成本一般用公司总资产账面价值来替代，托宾 Q 值=（公司的股票市价+负债）/资产账面价值=（公司流通市值+非流通市值+债务账面价值）/资产账面价值。对于创业板来说，托宾 Q 值更能反映企业的潜在价值和未来成长能力。

　　2. 解释变量

　　解释变量的选取基于财务治理结构概念的基础，从资本结构、组织结构和财权结构三个方面分别选择替代变量。股权集中度（CR_1）、Z 指数（Z）和资产负债率（LEV）三个变量作为资本结构的替代变量，风险投资机构是否拥有董事会席位（VCBSeats）、风险投资机构是否拥有监事会席位（VCSSeats）、风险投资机构参与审计委员会情况（VCAudit）、董事长与总经理是否由一人兼任（CCduality）和风险资本进入后企业高管人员是否变动（Mchange）五个变量作为组织结构的替代变量，风险投资机构董事会席位比例是否大于合计持股比例（Sperights）、风险投资机构合计持股比例（VCshares）、风险投资机构承诺上市后限售期（Lockup）和联合投资（Joint）四个变量作为财权结构的替代变量。

　　3. 控制变量

　　本书选择资产规模（SIZE）和上市年份（YEAR）作为控制变量。规模大的公司可以享受规模经济和市场力量的好处，财务治理效率可能会高于规模小的公司。创业板企业多为具有高成长性的中小企业，资产规模实际上参差不齐，为了充分利用数据并使其具有可比性，选取总资产的自然对数作为公司规模的替代变量。我们使用 2009~2014 年深圳创业板上市公司的财务和非财务数据，在此期间，风险投资市场与创业板市场发展迅速，而企业经营业绩易受宏观经济状况的影响，必然会对风险投资企业的经营发展产生一定的影响，如表 4-16 所示。

表 4-16 变量说明

变量类型	名称	符号	变量定义及说明
被解释变量	财务治理效率	ROA	总资产收益率=利润总额/平均净资产
		OER	管理费用率=管理费用/主营业务收入
		FER	财务费用支出率=财务费用/平均债务总额
		TQ	托宾 Q 值=（公司流通市值+非流通市值+债务账面价值）/资产账面价值
解释变量	股权集中度	CR_1	第一大股东持股比例
	Z 指数	Z	第一大股东持股比例/第二大股东持股比例
	资产负债率	LEV	资产负债率=负债总额/资产总额
	风险投资机构是否拥有董事会席位	VCBSeats	风险投资机构拥有风险投资企业董事会席位取 1，否则取 0
	风险投资机构是否拥有监事会席位	VCSSeats	风险投资机构拥有风险投资企业监事会席位取 1，否则取 0
	风险投资机构参与审计委员会情况	VCAudit	风险投资机构参与审计委员会取 1，否则取 0
	董事长与总经理是否由一人兼任	CCduality	两职由一人兼任取 1，否则取 0
	风险资本进入后企业高管人员是否变动	Mchange	风险资本进入后高管人员发生变动取 1，否则取 0
	风险投资机构董事会席位比例是否大于合计持股比例	Sperights	董事会席位比例大于持股比例取 1，否则取 0
	风险投资机构合计持股比例	VCshares	至企业上市时，风险投资机构合计持股比例
	风险投资机构承诺上市后限售期	Lockup	风险投资机构承诺企业上市后限售安排和自愿锁定时间（年）
	联合投资	Joint	多家风险投资机构联合投资取 1，否则取 0
控制变量	资产规模	SIZE	资产规模=ln（企业上市前三年平均总资产）
	上市年份	YEAR	五年，四个虚拟变量

4.3.4　实证模型构建

1. 财务治理与财务治理收益的模型构建

以总资产收益率（ROA）作为财务治理收益的替代变量，从收益的角度研究风险投资企业财务治理各解释变量对财务治理效率的影响，建立多元线性回归模型一如下：

$$\text{ROA} = \alpha + \beta_1\text{CR}_1 + \beta_2 Z + \beta_3\text{LEV} + \beta_4\text{VCBSeats} + \beta_5\text{VCSSeats}$$
$$+ \beta_6\text{VCAudit} + \beta_7\text{CCduality} + \beta_8\text{Mchange} + \beta_9\text{Sperights}$$
$$+ \beta_{10}\text{VCshares} + \beta_{11}\text{Lockup} + \beta_{12}\text{Joint}$$
$$+ \beta_{13}\text{SIZE} + \beta_{14+j}\sum\nolimits_{j=1}^{4}\text{YEAR}j + \varepsilon$$

其中，α 为常数项；$\beta_1 \sim \beta_{14+j}$ 为各解释变量的回归系数；ε 表示随机误差项。

2. 财务治理与财务治理成本的模型构建

以管理费用率（OER）作为第一个财务治理成本的替代变量，从成本的角度研究风险投资企业财务治理各解释变量对财务治理效率的影响，建立多元线性回归模型二如下：

$$\text{OER} = \alpha + \beta_1\text{CR}_1 + \beta_2 Z + \beta_3\text{LEV} + \beta_4\text{VCBSeats} + \beta_5\text{VCSSeats}$$
$$+ \beta_6\text{VCAudit} + \beta_7\text{CCduality} + \beta_8\text{Mchange}$$
$$+ \beta_9\text{Sperights} + \beta_{10}\text{VCshares} + \beta_{11}\text{Lockup}$$
$$+ \beta_{12}\text{Joint} + \beta_{13}\text{SIZE} + \beta_{14+j}\sum\nolimits_{j=1}^{4}\text{YEAR}j + \varepsilon$$

其中，α 为常数项；$\beta_1 \sim \beta_{14+j}$ 为各解释变量的回归系数；ε 表示随机误差项。

以财务费用支出率（FER）作为第二个财务治理成本的替代变量，从成本的角度研究风险投资企业财务治理各解释变量对财务治理效率的影响，建立多元线性回归模型三如下：

$$\text{FER} = \alpha + \beta_1\text{CR}_1 + \beta_2 Z + \beta_3\text{LEV} + \beta_4\text{VCBSeats} + \beta_5\text{VCSSeats}$$
$$+ \beta_6\text{VCAudit} + \beta_7\text{CCduality} + \beta_8\text{Mchange} + \beta_9\text{Sperights} + \beta_{10}\text{VCshares}$$
$$+ \beta_{11}\text{Lockup} + \beta_{12}\text{Joint} + \beta_{13}\text{SIZE} + \beta_{14+j}\sum\nolimits_{j=1}^{4}\text{YEAR}j + \varepsilon$$

其中，α 为常数项；$\beta_1 \sim \beta_{14+j}$ 为各解释变量的回归系数；ε 表示随机误差项。

3. 财务治理与企业价值的模型构建

以托宾 Q（TQ）作为企业价值的替代变量，从企业价值的角度研究风险投资企业财务治理各解释变量对财务治理效率的影响，建立多元线性回归模型四如下：

$$TQ = \alpha + \beta_1 CR_1 + \beta_2 Z + \beta_3 LEV + \beta_4 VCBSeats + \beta_5 VCSSeats$$
$$+ \beta_6 VCAudit + \beta_7 CCduality + \beta_8 Mchange + \beta_9 Sperights$$
$$+ \beta_{10} VCshares + \beta_{11} Lockup + \beta_{12} Joint + \beta_{13} SIZE + \beta_{14+j} \sum_{j=1}^{4} YEARj + \varepsilon$$

其中，α 为常数项；$\beta_1 \sim \beta_{14+j}$ 为各解释变量的回归系数；ε 表示随机误差项。

4.4 风险投资企业财务治理影响财务治理效率的实证分析

4.4.1 样本选择与数据来源

本节选择 2009~2014 年在深圳创业板上市，且有风险资本支持的全部 260 家上市公司为初始样本，剔除其中数据资料不完整等不符合入样标准的企业，最终确定 249 家企业。其中，2009 年上市的企业有 26 个样本，2010 年有 66 个样本，2011 年有 69 个样本，2012 年有 53 个样本，2014 年有 35 个样本；因 2013 年创业板暂停 IPO，没有入样企业。样本覆盖农林牧渔、采矿、制造、水电煤气、建筑、批发零售、运输仓储、信息技术、科研服务、公共环保、卫生、文化传播 12 个行业。所使用的数据资料主要来自巨潮资讯网各企业首次 IPO 招股说明书和国泰安 CSMAR 数据库，数据处理主要运用 Excel 和 Stata 13.0 统计软件来完成，采用的方法主要有描述性统计、相关性分析和回归分析。

4.4.2 描述性统计

1. 被解释变量的描述性统计

表 4-17 按上市年份描述了我国创业板有风投上市公司总资产收益率各年的总体情况。从表中可以看出，从平均值、最大值和最小值来看，2010 年都是最差的一年，但标准差却是最小的一年。这说明 2010 年是我国创业板推出的第二年，市场机制等各方面尚未完善，加之我国宏观经济大环境的影响，整个创业板的市场形势不容乐观。但从 2011 年开始，上市企业总资产收益率的平均值、最大值和最小值均呈现上升趋势，说明在创业板上市的企业，其营利能力有所提高，资源利用整体来看更加有效。比较 2014 年和初始年 2009 年的情况，也可以证明上述结论，同时也能够说明，将年份作为控制变量是合理且必要的。

表 4-17　总资产收益率的描述性统计

年份	2009	2010	2011	2012	2014
Obs	26	66	69	53	35
Mean	0.111 7	0.089 1	0.099 2	0.111 1	0.119 1
Std.Dev.	0.007 5	0.003 4	0.004 3	0.006 8	0.009 3
Min	0.067 3	0.025 7	0.031 0	0.007 7	0.022 8
Max	0.237 3	0.153 3	0.246 8	0.275 1	0.269 1

表 4-18 为我国创业板 2009~2014 年上市的有风投上市公司管理费用率的整体情况。表中数字直观地反映管理费用率整体呈上升趋势，2014 年管理费用率最大值达到 62%，比 2009 年最大值 34% 几乎高出一倍，但管理费用率上升不仅受不同年份宏观经济环境的影响，而且也与企业自身经营管理水平、资产规模等有关。因此，我们在选择变量时，把企业资产规模加入控制变量也是合理必要的。

表 4-18　管理费用率的描述性统计

年份	2009	2010	2011	2012	2014
Obs	26	66	69	53	35
Mean	0.128 2	0.104 7	0.129 8	0.143 5	0.167 8
Std.Dev.	0.015 4	0.007 5	0.008 0	0.010 8	0.021 2
Min	0.032 9	0.018 4	0.032 9	0.041 7	0.024 3
Max	0.335 9	0.284 1	0.455 4	0.363 4	0.620 6

表 4-19 为我国创业板 2009~2014 年上市的有风投上市公司财务费用支出率的整体情况。从表中数据可以看出，我国创业板企业在财务费用支出上变化比较平稳，财务费用支出率普遍较低。实际上，在 249 家样本企业中有 146 家企业财务费用支出率为负数。一方面，说明创业板上市公司以中小企业居多，举债较为困难，很多企业存在融资困难的问题；另一方面，很多通过上市募集到巨额资金的企业对资金的利用不足，并没有产生理想的经济效益和社会效益。这不仅不利于企业财务治理问题的解决，而且降低了市场资源配置的有效性。

表 4-19　财务费用支出率的描述性统计

年份	2009	2010	2011	2012	2014
Obs	26	66	69	53	35
Mean	0.000 2	−0.007 8	−0.016 2	−0.010 6	0.003 8
Std.Dev.	0.001 8	0.004 5	0.004 0	0.004 3	0.004 3
Min	−0.023 7	−0.162 8	−0.141 6	−0.081 3	−0.044 5
Max	0.015 8	0.053 7	0.034 6	0.099 7	0.113 7

表 4-20 为我国创业板 2009~2014 年上市的有风投上市公司托宾 Q 值的整体情况。从表中可以看出，不同年份上市的企业其托宾 Q 值的平均值和最值变化较大，这说明创业板市场上市企业的市场价值有显著差异。财务治理效率直接反映在财务治理成本和财务治理收益上，同时通过传递作用对企业价值产生影响，因此，企业托宾 Q 值差异显著，也在一定程度上反映出企业财务治理水平存在较大差异。如何优化企业财务治理结构、提高财务治理效率，对提升企业市场价值也具有至关重要的影响。

表 4-20　托宾 Q 值的描述性统计

年份	2009	2010	2011	2012	2014
Obs	26	66	69	53	35
Mean	5.241 7	4.032 3	2.373 4	2.670 6	4.519 0
Std.Dev.	0.293 5	0.161 7	0.109 3	0.162 8	0.468 3
Min	3.366 4	1.900 1	0.783 3	0.053 8	0.051 0
Max	11.533 5	9.189 8	6.047 4	7.155 3	10.229 4

表 4-21 描述了 249 家样本企业四个被解释变量的整体情况。从最大值与最小值之间差异大、正向指标均值偏低的结果可以看出，创业板企业经营水平和潜在市场价值高低有别，这并不利于创业板市场资源的有效配置。因此，提高业绩欠佳企业的财务治理效率，进一步优化业绩优秀企业的财务治理结构，使整个创业板市场发展得更加均衡有着重要的现实意义。

表 4-21　被解释变量整体描述性统计

Variable	Obs	Mean	Std. Dev.	Min	Max
ROA	249	0.103 2	0.041 6	0.007 7	0.275 1
OER	249	0.131 2	0.081 7	0.018 4	0.620 6
FER	249	−0.008 2	0.317 5	−0.162 8	0.113 7
TQ	249	3.477 4	1.814 0	0.051 0	11.533 5

2. 解释变量的描述性统计

表 4-22 描述了 249 家样本企业各项解释变量的整体情况。

表 4-22　解释变量整体描述性统计

Variable	Obs	Mean	Std. Dev.	Min	Max
CR_1	249	0.448 2	0.171 6	0.076 3	0.898 5
Z	249	3.752 0	4.455 0	0.551 3	55.510 2
LEV	249	0.391 5	0.155 5	0.034 1	0.752 2
VCBSeats	249	0.739 0	0.440 1	0.000 0	1.000 0

续表

Variable	Obs	Mean	Std. Dev.	Min	Max
VCSSeats	249	0.389 6	0.488 6	0.000 0	1.000 0
VCAudit	249	0.212 9	0.410 1	0.000 0	1.000 0
CCduality	249	0.578 3	0.494 8	0.000 0	1.000 0
Mchange	249	0.204 8	0.404 4	0.000 0	1.000 0
Sperights	249	0.281 1	0.450 5	0.000 0	1.000 0
Vcshares	249	0.238 0	0.208 9	0.011 9	0.891 4
Lockup	249	1.666 2	0.787 9	0.900 0	3.500 0
Joint	249	0.787 1	0.410 1	0.000 0	1.000 0

　　股权集中度（CR_1）最大值高达 89.85%，而最小值只有 7.63%，平均股权集中度为 44.82%。这说明样本中虽然存在股权过度集中和股权过度分散的情况，但整体上股权集中度较为适中，这可能与风险资本的介入有关。风险资本的介入在一定程度上使企业股权结构得到优化。

　　Z 指数（Z）最大值接近最小值的 100 倍，而均值只有 3.75，这说明样本企业股权制衡作用并不理想，风险资本的介入并未有效改变创业企业中"一股独大"的现象。

　　资产负债率（LEV）最大值为 75.22%，最小值为 3.41%，平均资产负债率为 39.15%，说明我国创业板上市公司在股权—债权结构上有较大差异，可以进一步推测出这些企业利用资本结构安排进行财务治理的效率也大不相同。从上述三个资本结构指标的描述统计结果来看，多数企业还存在较大的财务治理结构优化空间。

　　风险投资机构占有董事会席位（VCBSeats）的均值接近风险投资机构占有监事会席位（VCSSeats）均值的两倍，73.9%的样本企业的风险投资机构股东要求董事会席位，而只有 38.96%的样本企业的风险投资机构股东要求拥有监事会席位。这说明大多数风险投资机构倾向于进驻董事会以行使财务决策权，而不是通过监事会行使财务监督权。

　　虽然创业板上市条件要求企业必须设置审计委员会，但有风险投资机构委派人员参与企业审计委员会的比例只有 21.29%，说明参与被投资企业审计委员会的治理手段尚未被风险投资机构广泛使用。

　　样本中仍有 57.83%的风险投资企业存在董事会与总经理由一人兼任的情况，即两权合一（CCduality）。这说明多数风险投资机构能够考虑到风险企业家的自我激励特性，在进入目标企业后并不强制要求两权分离。从风险资本进入后企业高管人员是否变动（Mchange）的情况也能够证实这一点，只有 20.48%的企业在风险资本进入后高管人员发生了变动。

如果用占董事会席位比例是否大于合计持股比例（Speright）来衡量风险投资机构是否拥有特殊财务权力，则样本中有 28.11%的企业给予了风险投资机构股东这样的特殊财务权力。实际上，风险投资机构在对企业进行投资时往往会采用签订对赌协议等财务治理机制来降低投资风险，但考虑数据可获得性，我们选用占董事会席位比例大于合计持股比例来替代表示特殊财务权力。

风险投资机构合计持股比例最大值达到 89.14%，均值为 23.80%。这说明，虽然存在企业风险投资机构股东持股已达到控制的个案，但多数风险投资机构投资企业并不以控制为目的，风险投资机构对风险企业家和风险投资企业都颇有信心。这一点也体现为风险投资机构选择承诺企业上市后的限售期长（Lockup），均值达到 1.67 年，说明不少风险投资机构愿意选择 3 年时长的限售期。

联合投资（Joint）的比例达到 78.71%，说明风险投资机构往往选择风险资本联合的方式介入企业。联合投资已成为风险投资机构对目标企业进行财务治理的重要机制之一。

4.4.3 相关性检验

在进行回归分析之前，如果被解释变量、解释变量等之间受到内生的多重共线性的影响，则会对模型的回归结果产生影响，导致模型不具有统计学上的解释作用，得到的结果也不理想。通常情况下，如果相关系数大于 0.9，则认为两个变量之间存在高度相关性；如果相关系数介于 0.8~0.9，则认为两个变量之间可能存在共线性。我们对各变量进行相关性检验，检验结果如表 4-23 所示。相关性最强的两个变量是总资产收益率和托宾 Q 值，相关系数为 48.62%，可能原因是总资产收益率与托宾 Q 值的公式中都有资产总额参与计算；其次是风险投资机构合计持股比例与风险投资机构承诺上市后限售期，相关系数为 42.00%，这是因为，这里的风险投资机构承诺上市后限售期是以单个风险投资企业持股比例在风险投资机构合计持股比例中的占比为权重进行加权平均的结果，导致两个变量具有一定的相关性。从总体检验结果来看，各个变量之间的相关系数都不超过 50%，变量间存在多重共线性的可能性较低，可以将解释变量和被解释变量全部纳入回归方程。

4.4.4 模型运行

利用样本数据将各解释变量与财务治理收益进行回归，回归结果如表 4-24 所示。从模型估计的整体结果来看，调整的 R^2 值达到 0.426 4，说明方程的拟和程

表 4-23　相关性检验结果

	ROA	OER	FER	TQ	CR₁	Z	LEV	VCBSeats	VCSSeats	VCAudit	CCduality	Mchange	Sperights	VCshares	Lockup	Joint
ROA	1.000 0															
OER	0.227 6	1.000 0														
FER	-0.248 5	-0.167 6	1.000 0													
TQ	0.486 2	0.264 9	-0.110 6	1.000 0												
CR₁	0.025 5	-0.094 0	0.014 0	-0.057 9	1.000 0											
Z	-0.030 7	0.053 1	0.092 3	-0.111 9	0.378 9	1.000 0										
LEV	-0.413 8	-0.344 4	0.418 7	-0.403 2	0.078 0	0.126 2	1.000 0									
VCBSeats	-0.148 2	-0.020 9	0.044 9	-0.093 9	0.001 8	0.045 6	0.069 2	1.000 0								
VCSSeats	0.016 8	-0.119 4	-0.017 5	0.049 7	-0.130 4	-0.087 5	0.010 5	0.156 0	1.000 0							
VCAudit	0.021 1	-0.018 6	0.029 3	-0.016 6	-0.023 5	0.020 3	0.058 9	0.309 1	0.147 9	1.000 0						
CCduality	0.021 5	-0.013 9	-0.045 1	0.003 5	0.116 0	0.102 1	-0.008 8	0.029 4	-0.035 0	-0.032 8	1.000 0					
Mchange	0.119 6	0.018 7	-0.030 3	-0.057 8	0.113 2	0.004 9	-0.039 3	0.279 0	0.104 7	0.222 3	0.070 7	1.000 0				
Sperights	-0.042 8	0.018 4	0.064 8	-0.060 2	0.123 8	0.209 1	0.042 0	0.371 7	-0.114 8	0.133 1	0.027 5	0.014 7	1.000 0			
VCshares	-0.012 8	-0.023 0	0.047 3	-0.117 0	-0.000 2	-0.108 0	-0.032 8	0.324 8	0.228 1	0.250 8	-0.005 5	0.509 0	-0.308 4	1.000 0		
Lockup	0.188 8	0.032 3	-0.132 7	-0.072 6	0.071 3	-0.296 0	-0.093 6	0.050 2	0.069 8	0.149 5	0.137 2	0.354 9	-0.136 2	0.420 0	1.000 0	
Joint	-0.154 3	-0.199 5	0.014 1	-0.185 5	0.112 2	-0.022 5	0.095 5	0.249 4	0.133 7	0.198 5	0.012 9	0.166 7	-0.067 7	0.276 3	0.079 7	1.000 0

度较好；F 值为 11.85，P 值为 0.00，说明估计方程总体是显著的。DW 检验结果为 1.785 2，接近于 2，不存在严重的序列相关性，可以进一步分析各解释变量的回归结果。

表 4-24　风险投资企业财务治理与财务治理收益的回归分析

Variables	Coefficient	Std.Error	t-Statistic	Prob.
CR_1	0.020 4	0.010 6	1.93	0.055
Z	−0.000 3	0.000 2	−2.01	0.045
LEV	−0.077 0	0.016 5	−4.65	0.000
VCBSeats	−0.009 0	0.006 9	−1.30	0.196
VCSSeats	0.013 0	0.004 3	3.05	0.003
VCAudit	0.013 1	0.005 0	2.64	0.009
CCduality	0.001 6	0.004 2	0.38	0.702
Mchange	0.000 6	0.005 6	1.18	0.240
Sperights	0.002 0	0.005 7	0.35	0.726
VCshares	−0.008 3	0.012 7	−0.65	0.514
Lockup	0.009 1	0.003 3	2.79	0.006
Joint	−0.015 3	0.005 3	−2.86	0.005
SIZE	−0.006 1	0.004 4	−1.41	0.161
YEAR	控制	控制	控制	控制
_cons	0.243 9	0.078 2	3.12	0.002
R-squared	0.465 8			
Adj R-squared	0.426 4			
F	11.85			
Prob（F-statistic）	0.000 0			
Durbin-Watson（DW）	1.785 2			

回归结果显示，解释变量资产负债率（LEV）、风险投资机构是否拥有监事会席位（VCSSeats）、风险投资机构参与审计委员会情况（VCAudit）、风险投资机构承诺上市后限售期（Lockup）和联合投资（Joint）在 1%的显著性水平上通过检验；Z 指数（Z）和股权集中度（CR_1）分别在 5%和 10%显著性水平上通过检验；其余变量未通过 t 检验。

在检验结果显著的解释变量中，股权集中度（CR_1）、风险投资机构是否拥有监事会席位（VCSSeats）、风险投资机构参与审计委员会情况（VCAudit）和风险投资机构承诺上市后限售期（Lockup）的回归系数均为正，说明适当提高股权集中度，风险投资机构要求占有监事会席位、要求进入企业审计委员会和承诺较长的限售期有利于企业财务治理收益的提高。Z 指数（Z）、资产负债率（LEV）

和联合投资（Joint）的回归系数为负，说明低股权制衡度、低资产负债率且风险投资机构不选择联合投资更有利于财务治理收益的提高。而风险投资机构是否拥有董事会席位（VCBSeats）、风险资本进入后企业高管人员是否变动（Mchange）、风险投资机构董事会席位比例是否大于合计持股比例（Sperights）、董事长与总经理是否由一人兼任（CCduality）和风险投资机构合计持股比例（VCshares）则对企业财务治理收益的提高并不明显。

　　利用样本数据将各解释变量与财务治理成本的第一个替代变量进行回归，回归结果如表 4-25 所示。从模型估计的整体结果来看，调整的 R^2 值达到 0.306 9，说明方程的拟和程度较好；F 值为 7.46，P 值为 0.00，说明估计方程总体是显著的。DW 检验结果为 1.696 8，接近于 2，不存在严重的序列相关性，可以进一步分析各解释变量的回归结果。

表 4-25　风险投资企业财务治理与财务治理成本的回归分析（一）

Variables	Coefficient	Std.Error	t-Statistic	Prob.
CR_1	−0.426 3	0.019 8	−2.15	0.032
Z	0.002 0	0.000 5	3.85	0.000
LEV	−0.110 9	0.028 9	−3.84	0.000
VCBSeats	0.006 4	0.011 1	0.58	0.561
VCSSeats	−0.014 9	0.007 6	−1.97	0.050
VCAudit	0.009 3	0.008 9	1.05	0.297
CCduality	−0.001 8	0.007 6	−0.24	0.811
Mchange	−0.009 1	0.010 6	−0.86	0.391
Sperights	−0.008 0	0.011 0	−0.72	0.469
VCshares	0.027 0	0.021 0	1.29	0.199
Lockup	0.002 4	0.005 1	0.46	0.643
Joint	−0.024 5	0.011 6	−2.12	0.035
SIZE	−0.154 4	0.006 6	−2.33	0.020
YEAR	控制	控制	控制	控制
_cons	0.507 9	0.123 3	4.12	0.000
R-squared	0.354 4			
Adj R-squared	0.306 9			
F	7.46			
Prob（F-statistic）	0.000 0			
Durbin-Watson（DW）	1.696 8			

　　回归结果显示，解释变量 Z 指数（Z）、资产负债率（LEV）显著性水平达到 1%，回归系数的符号表示低股权制衡度和高资产负债率可以有效降低企业管理

费用率；股权集中度（CR_1）、风险投资机构是否拥有监事会席位（VCSSeats）和联合投资（Joint）显著性水平达到 5%，三个变量的回归系数均为负数，说明较高的股权集中度、风险投资机构拥有监事会席位和联合投资方式都有利于管理费用率的降低；其他变量未通过 t 检验，说明对降低管理费用率的影响并不显著。

利用样本数据将各解释变量与财务治理成本的第二个替代变量进行回归，回归结果如表 4-26 所示。从模型估计的整体结果来看，调整的 R^2 值达到 0.411 0，说明方程的拟和程度较好；F 值为 11.18，P 值为 0.00，说明估计方程总体是显著的。DW 检验结果为 2.155 4，接近于 2，不存在严重的序列相关性，可以进一步分析各解释变量的回归结果。

表 4-26　风险投资企业财务治理与财务治理成本的回归分析（二）

Variables	Coefficient	Std.Error	t-Statistic	Prob.
CR_1	−0.013 6	0.008 4	−1.61	0.108
Z	0.000 3	0.000 3	0.94	0.347
LEV	0.064 7	0.011 7	5.51	0.000
VCBSeats	−0.008 2	0.004 4	−1.85	0.066
VCSSeats	−0.003 4	0.003 5	−0.97	0.332
VCAudit	0.006 4	0.004 2	1.52	0.129
CCduality	−0.003 4	0.003 0	−1.14	0.254
Mchange	−0.006 3	0.004 6	−1.37	0.173
Sperights	0.012 4	0.004 3	2.86	0.005
VCshares	0.040 1	0.011 3	3.54	0.000
Lockup	−0.006 1	0.002 3	−2.67	0.008
Joint	−0.001 4	0.003 4	0.41	0.681
SIZE	0.013 5	0.003 2	4.19	0.000
YEAR	控制	控制	控制	控制
_cons	−0.275 7	0.059 2	−4.65	0.000
R-squared	0.451 4			
Adj R-squared	0.411 0			
F	11.18			
Prob（F-statistic）	0.000 0			
Durbin-Watson（DW）	2.155 4			

回归结果显示，解释变量资产负债率（LEV）、风险投资机构董事会席位比例是否大于合计持股比例（Sperights）、风险投资机构合计持股比例（VCshares）和风险投资机构承诺上市后限售期（Lockup）的显著性水平达到 1%，分析回归系数的符号，资产负债率越高、风险投资机构拥有特殊财务权力、风险投资机构

合计持股比例越高、承诺限售期越短，反而不利于财务费用支出率的降低；股权集中度（CR_1）、风险投资机构是否拥有董事会席位（VCBSeats）、风险投资机构参与审计委员会情况（VCAudit）三个变量在 15%显著性水平上通过检验，回归系数的符号表明，高股权集中度、风险投资机构参与董事会能够有效降低财务费用支出率，但风险投资机构参与审计委员会反而会提高财务费用支出率。其他变量未通过 t 检验，说明对降低财务费用支出率的影响并不显著。

利用样本数据将各解释变量与企业价值进行回归，回归结果如表 4-27 所示。从模型估计的整体结果来看，调整的 R^2 值达到 0.608 4，说明方程的拟和程度较好；F 值达到 23.67，P 值为 0.00，说明估计方程总体是显著的。DW 检验结果为 1.642 6，接近于 2，不存在严重的序列相关性，可以进一步分析各解释变量的回归结果。

表 4-27 风险投资企业财务治理与企业价值的回归分析

Variables	Coefficient	Std.Error	t-Statistic	Prob.
CR_1	0.322 4	0.434 2	0.74	0.459
Z	−0.008 8	0.019 9	−0.44	0.657
LEV	−2.842 8	0.490 5	−5.80	0.000
VCBSeats	−0.062 7	0.167 7	−0.37	0.709
VCSSeats	0.186 1	0.124 6	1.49	0.137
VCAudit	0.383 8	0.144 5	2.66	0.008
CCduality	−0.023 1	0.115 7	−0.20	0.842
Mchange	−0.007 9	0.161 1	−0.05	0.961
Sperights	−0.212 8	0.167 5	−1.27	0.205
VCshares	−0.643 3	0.319 5	−2.01	0.045
Lockup	0.005 3	0.088 1	0.06	0.952
Joint	−0.077 9	0.167 6	−0.47	0.642
SIZE	−0.321 7	0.122 4	−2.63	0.009
YEAR	控制	控制	控制	控制
_cons	12.378 0	2.206 6	5.61	0.000
R-squared	0.635 3			
Adj R-squared	0.608 4			
F	23.67			
Prob（F-statistic）	0.000 0			
Durbin-Watson（DW）	1.642 6			

解释变量资产负债率（LEV）、风险投资机构参与审计委员会情况（VCAudit）检验结果达到 1%显著性水平，说明低资产负债率和有风险投资机构参与的审计委员会能够有效提升企业价值；风险投资机构合计持股比例（VCShares）在 5%

显著性水平上通过检验，回归系数符号为负，说明风险投资机构合计持股比例过高并不利于企业财务治理效率的提高；风险投资机构是否拥有监事会席位（VCSSeats）在15%显著性水平上通过了检验，回归系数为正，说明风险投资机构进入企业监事会行使财务监督权对增加企业价值有正向作用；其余变量未通过显著性检验，说明这些变量对增加企业价值的影响可能并不显著。

4.4.5 研究结论

4.4.4节简单描述了各解释变量分别与四个被解释变量进行回归的结果，从模型运行的整体情况来看，四个模型的Prob（F-statistic）值都达到0.00，说明四个模型总体都具有显著性；调整后的R^2值最高达到60%以上，最低的也超过了30%，说明四个模型拟合程度都较好；在多重共线性的检验上，DW值浮动在2上下，均不存在严重的多重共线性。总体看来，模型运行结果良好，具有统计学意义。各解释变量的经济学意义需进一步深入分析。我们将四个模型中各解释变量的回归系数汇总到表4-28中，便于对各解释变量进行经济学意义的分析与解释。

表 4-28 各解释变量回归系数汇总表

Variables	ROA	OER	FER	TQ
CR_1	0.020 4***	−0.426 3**	−0.013 6****	0.322 4
Z	−0.000 3**	0.002 0*	0.000 3	−0.008 8
LEV	−0.007 0*	−0.110 9*	0.064 7*	−2.842 8*
VCBSeats	−0.009 0	0.006 4	−0.008 2***	−0.062 7
VCSSeats	0.013 0*	−0.014 9**	−0.003 4	0.186 1****
VCAudit	0.013 1**	0.009 3	0.006 4****	0.383 8*
CCduality	0.001 6	−0.001 8	−0.003 4	−0.023 1
Mchange	0.000 6	−0.009 1	−0.003 4	−0.007 9
Sperights	0.002 0	−0.008 0	0.012 4*	−0.212 8
VCshares	−0.008 3	0.027 0	0.040 1*	−0.643 3**
Lockup	0.009 1*	0.002 4	−0.006 1*	0.005 3
Joint	−0.015 3*	−0.024 5**	−0.001 4	−0.077 9
SIZE	−0.006 1	−0.154 4**	0.013 5*	−0.321 7*
YEAR	控制	控制	控制	控制
_cons	0.243 9*	0.507 9*	−0.275 7*	12.378 0*

*、**、***、****分别表示在1%、5%、10%和15%的水平上显著，数字为各变量回归系数

1. 资本结构治理研究假设的验证

（1）假设一认为股权集中度（第一大股东持股比例）与风险投资企业财务治理效率呈正相关关系，这一假设能够通过检验。分析该解释变量在四个模型

中的回归结果，适度的股权集中有利于提高企业财务治理收益，降低企业财务治理成本，虽然模型四的回归结果并未通过显著性检验，但系数符号仍显示为正，与假设一致。大量研究表明，股权集中度与公司绩效、公司治理效率或财务治理效率呈倒"U"形曲线关系。而实证检验的结果说明，对我国创业板市场来说，目前多数企业的股权集中程度正处于倒"U"的上升区域，股权适度集中有利于创业者实现自我激励，因此，风险投资机构在进行投资时应更谨慎地控制投资力度。

（2）假设二认为 Z 指数（第一、第二大股东持股比例之比）与风险投资企业财务治理效率呈负相关关系，这一假设能够通过检验。在提出假设二时，我们从 Z 指数的计算公式中得出，Z 指数与股权集中度对企业财务治理效率的作用方向相反。分析 Z 指数的四个回归系数，系数符号恰与 CR_1 相反，假设二在经济学意义上是成立的。此外，t 统计量的检验结果显示 Z 指数对财务费用支出率和托宾 Q 值的影响并不显著，而在管理费用率和总资产收益率两个方程中通过检验，且对管理费用率的影响程度大于对总资产收益率的影响程度。由此可以推出两个结论：一是 Z 指数对企业财务治理效率的影响主要表现为对财务治理成本的影响，且对企业管理方面的影响要大于对财务方面的影响；二是 Z 指数与股权集中度之间存在一定的制衡作用，二者共同影响企业的财务治理效率。

（3）假设三认为资产负债率与风险投资企业财务治理效率呈正相关关系，这一假设能够通过检验。从资产负债率（LEV）的显著性结果来看，该解释变量对四个被解释变量都具有显著影响，均达到1%的显著性水平。从回归系数的符号看，该变量对总资产收益率、管理费用率和托宾 Q 值都起负向作用，而对财务费用支出率起正向作用。就财务治理收益方面来看，资产负债率高不利于企业财务治理的有效性。就财务治理成本方面来看，我们认为回归结果实际上说明资产负债率能够有效控制财务治理成本，原因有二：第一，在管理费用率作为被解释变量的模型中，资产负债率的回归系数为负，且达到1%水平上的显著，说明较高的资产负债率对降低企业管理费用率有显著作用，通过绘制管理费用率与资产负债率的散点图及拟合直线也可以明显看出资产负债率与管理费用率的确呈负相关关系（图4-6）；第二，在财务费用支出率作为被解释变量的模型中，资产负债率的回归系数虽然为正，但在对财务费用支出率作统计描述时发现，超过一半的样本企业财务费用支出率为负数（图4-7），且该指标平均值也为负数，由此我们推测，目前我国创业板有风投上市公司普遍存在资金利用不足的问题。图4-8为样本企业在上市当年年末的现金比率直方图，现金比率超过 50% 的企业占比 57.43%，整体上现金比率较高，这说明风险投资机构对企业进行投资的资金实际上以不同的形式和方式重新回到企业银行账户，而不是被充分利用从而创造经济效益和企业价值。因此，考虑到创业板市场的现实状况，我们认为，资产负债率在模型三中的回归系数为正值，实际上是抑制财务费用支出率负值的增大，有利于提高风险投资企业的资金利用率。在对后续假设的验证分析中，我们也采用同样的思维分析财务费用支出率的回归模型。由此看来，该解释变量对财务治理成本的控制大于对财务治理收益的抑制，适度增加风险投资企业的资产负债率有利于财务治理效率的提高，这与我国创业板中小企业融资困难导致融资不足的现实状况相符。最后，资产负债率对企业价值有显著的负向作用（图 4-9），对此我们推测可能与托宾 Q 值的取值时点有关，实验中使用的是有风投上市公司上市一年后的托宾 Q 值，这其中不仅受风险资本因素的影响，也受到市场投资者的影响。因为托宾 Q 值与企业的股票价格息息相关，同一板块的企业相比较而言，较高的资产负债率可能会传递出错误的信息，使投资者产生企业经营状况欠佳的误判，导致企业股价偏低。

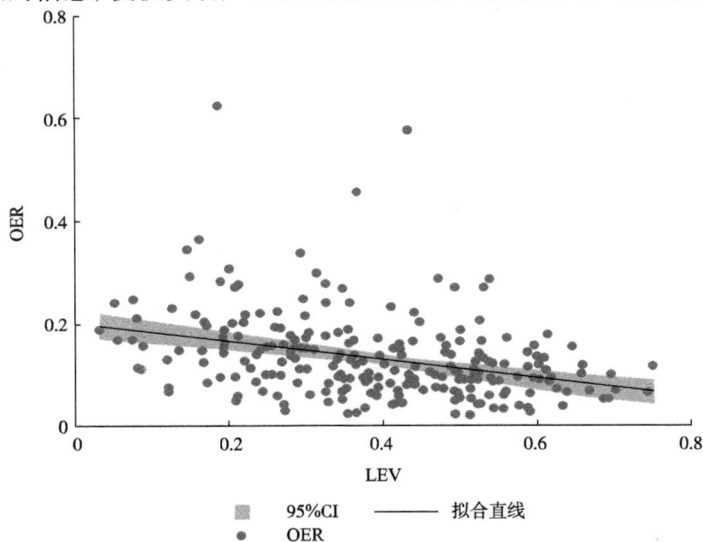

图 4-6　资产负债率与管理费用率的散点图及拟合直线

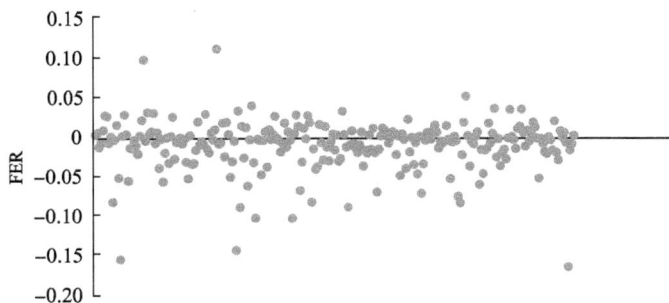

图 4-7　财务费用率散点图

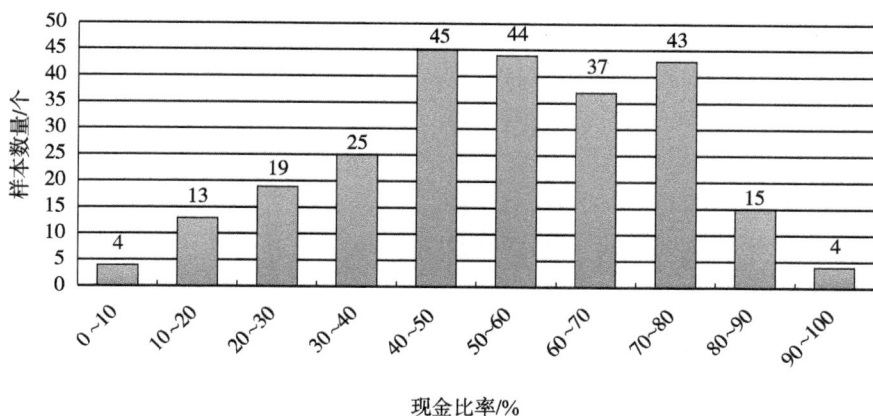

图 4-8　现金比率直方图

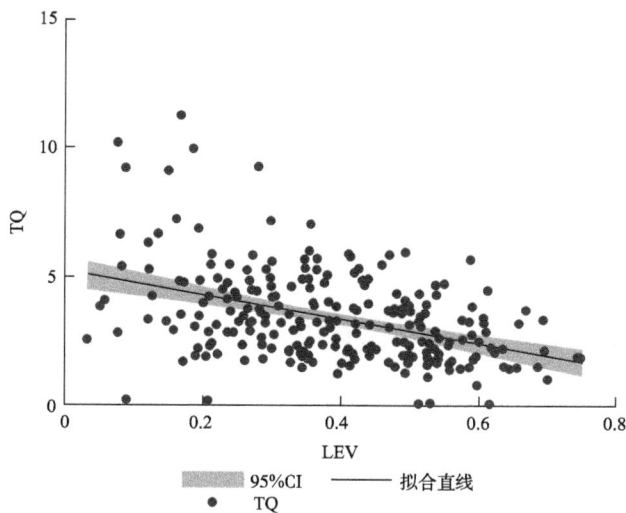

图 4-9　资产负债率与托宾 Q 值的散点图及拟合直线

2. 组织结构治理研究假设的验证

（1）假设四认为风险投资机构拥有董事会席位与财务治理效率呈正相关关系，这一假设没有通过检验。风险投资机构对企业进行投资后，往往要求进入企业董事会，意在不影响创业者创业精神和自我激励心理的前提下，积极行使财务决策权和财务监督权，一方面便于风险投资家用自己的专业知识和管理经验为风险投资企业提供增值服务，从而弥补风险企业家管理经验上的不足；另一方面也是为了减少信息不对称，风险投资家拥有董事会席位在一定程度上对风险企业家起到制衡的作用。因此，要求董事会席位已成为风险投资机构对风险投资企业进行财务治理的常用手段之一。但无论是风险投资家对企业管理和决策的介入不当，还是所要求的董事会席位形同虚设都会导致适得其反的后果。这也说明，在我国创业板市场上，虽然风险投资机构有意识地进入风险投资企业董事会积极参与企业的管理与监督，但实际上这一治理手段的使用并未达到理想的效果。

（2）假设五认为风险投资机构拥有监事会席位与财务治理效率呈正相关关系，这一假设能够通过检验。四个模型的回归结果表明，风险投资机构拥有监事会席位能够对总资产收益率和企业价值产生显著的正向作用，而对管理费用率有显著的抑制作用。鉴于财务费用支出率现实情况的特殊性，模型中解释变量的回归系数为负，说明风险投资机构拥有监事会席位不利于企业资金利用率的提高，反而在防止经理层过度投资方面发挥了更大的作用，但这一回归结果未能通过显著性检验。从整体回归结果来看，风险投资机构通过进入风险投资企业监事会积极行使财务监督权有利于提高企业财务治理效率。

（3）假设六认为风险投资机构参与企业审计委员会与财务治理效率呈正相关关系，这一假设能够通过检验。回归结果表明，风险投资机构参与企业审计委员会对提高企业财务治理收益和企业价值具有显著的正向效应，在提高企业资金利用率、抑制财务费用支出率负向增长也发挥一定作用。但有风险投资机构参与审计委员会的风险投资企业往往管理费用率也较高，这可能是因为审计委员会在公司财务方面的严格控制与监督一定程度上增加了企业的管理成本，这一结果虽然符合现实情况，但并未通过显著性检验。从整体回归结果来看，风险投资机构参与企业审计委员会与财务治理效率呈正相关关系这一假设是可以接受的。事实上，解释变量风险投资机构参与审计委员会情况（VCAudit）的统计描述结果显示风险投资机构进入企业审计委员会行使财务监督权的做法并不普遍，但效果却十分显著，可见设置审计委员会对企业具有重要意义。风险投资机构在选择对风险投资企业进行财务治理的手段时可以选择通过介入企业审计委员会积极行使财务监督权。

（4）假设七认为董事长与总经理由一人兼任与风险投资企业财务治理效率呈正相关关系，这一假设没有通过检验。四个模型的回归结果中，该解释变量均未通过显著性检验，说明董事长与总经理是否由一人兼任实际上对风险投资企业财务治理效率的影响并不明显。考虑风险企业家作为企业的创始人，既是企业的核心技术人员也是对企业具有影响力的管理领导人员，风险投资机构对企业进行投资后并不强制要求两权分离。两职合一便于总经理与董事会进行信息沟通，能够进行有效的集中决策和领导，董事长的权力对于总经理来说也是一种个人激励和约束，激发其工作积极性进而减少代理成本；但两职合一也可能造成总经理集董事长大权于一身，更倾向于利用职务便利损害股东利益而追求自身利益最大化。但从实证结果看来，两权合一的正向作用与其自身的负向作用基本能够互相抵消，风险投资机构欲通过激励风险企业家而允许两职合一的"良苦用心"并未实现理想的效果。

（5）假设八认为风险投资机构进入后高管人员发生变动与企业财务治理效率呈负相关关系，这一假设没有通过检验。在四个回归模型中，该解释变量均未通过显著性检验，说明风险投资机构是否直接进入企业高层参与日常管理与经营对企业财务治理效率的影响并不显著。从现实情况分析原因，我国创业板企业在接受风险资本后高管人员发生变动的数量不超过 1/5，因此，风险投资机构直接委派人员进入企业高层对企业产生的影响难以显现。但在模型四中，该解释变量的回归系数为负，说明无论原因如何，企业高层管理人员发生变动都不利于投资者对企业市场价值的判断，因此，我们假设风险投资机构进入后更换企业高管人员与企业财务治理效率呈负相关关系也具有一定的现实意义。风险投资机构在考虑直接委派人员进入企业高层参与经营管理时应综合考虑对企业各方面产生的影响，慎做选择。

3. 财权结构安排研究假设的验证

（1）假设九认为风险投资机构拥有特殊财务权力（风险投资机构董事会席位比例大于合计持股比例）与财务治理效率正相关，这一假设勉强通过检验。一方面，从 t 检验结果来看，该解释变量只在模型三中达到1%显著性水平，可以认为风险投资机构董事会席位比例大于合计持股比例能够有效监督企业管理层勤勉工作，积极并充分地利用各项资源创造经济财富和企业价值；另一方面，从回归系数的符号看，该解释变量在一定程度上也能够提高财务治理收益并降低财务治理成本。但这一治理手段并不利于企业的长期发展，因为模型四中的回归系数为负，说明风险投资机构占董事会席位比例大于合计持股比例可能有损企业价值。实际上，风险投资机构董事会席位比例大于合计持股比例这一解释变量本身作为风险投资机构拥有特殊财务权力的替代变量，但并不能等同于风险投资机构拥有特殊财务权力的全部情况，这也是本实证分析中的不足之处。

（2）假设十认为风险投资机构合计持股比例与风险投资企业财务治理效率呈正相关关系，这一假设没有通过检验。如果把联合投资的多家风险投资机构看做一个利益整体，风险投资机构合计持股比例实际衡量的是风险投资机构与风险企业家之间财权配置整体情况，但同时也直接影响风险投资企业的股权结构。风险投资机构对企业进行投资虽然并不要求绝对控股，但多数情况下风险投资机构都会成为企业的前十大股东，实际上影响的是被投资企业的股权制衡度，四个模型的回归结果也能够证实这一点。解释变量风险投资机构合计持股比例（VCShares）与 Z 指数的四个回归系数符号完全相同，说明两个解释变量对企业财务治理效率的影响效果也相同，对该解释变量的分析不再赘述。风险投资机构在对企业进行投资时应把握合理的持股比例，避免因过度持股而对提高目标企业财务治理效率的产生不利影响。

（3）假设十一认为风险投资机构承诺上市后限售期长与企业财务治理效率呈正相关关系，这一假设能够通过检验。该解释变量在模型一和模型三中的回归系数都达到了1%的显著性水平，而且对财务治理收益产生的正向影响超过了对财务治理成本产生的负向影响。模型四的回归结果表明风险投资机构承诺上市后限售期越长，越有利于企业市场价值的增加，较长的限售期一方面向市场传递风险投资机构对企业未来发展预期良好的信息，另一方面，在限售期内企业流通股股数不会异常增多，有利于企业股票股价的稳定。风险投资机构对企业进行投资后，如果对企业信心较强，预期良好，可以选择较长的限售期以辅助风险投资企业进行有效的财务治理。

（4）假设十二认为联合投资与风险投资企业财务治理效率呈正相关关系，这一假设能够通过检验。实际上，这一解释变量的实证结果与预期稍有不同。在模型运行前，我们通过理论分析证明有效的联合投资既能降低投资成本和风险，又能通过风险投资机构间的协同管理以提高目标企业的财务治理效率。鉴于种种优势互补的实践经验，风险资本通常以声誉较好的风险投资机构作为主投资方、多个风险投资机构作为跟投方的联合形式介入目标企业。从实证结果来看，联合投资与企业财务治理效率呈正相关关系这一假设虽然能够通过检验，但回归结果却不及预期的显著。经分析，我们推测造成结果不显著的原因可能是，当风险投资企业只有一家风险投资机构进行投资时，资金、人力、管理经验等方面的需求能够对企业产生自我约束，尽可能以良好的业绩"留住"风险资本；当风险投资机构采用联合投资的形式对企业进行投资时，风险投资机构在对企业实施管理和决策影响时就有可能产生一定的相互制约，而此时风险投资企业并不会只对某一家风险投资机构产生依赖，企业受到的约束反而减少。因此，风险投资机构在选择联合投资方式时，应考虑到进行联合的风险投资机构数量、单个风险投资机构持股的均衡程度等，避免对企业财务治理效率起到反作用。但总体来看，联合投资的方式无论对风险投资机构来说，还是对风险投资企业来说都是利大于弊，其仍是一种重要的财务治理机制。

通过上述详细分析，能够一一验证十二个研究假设是否能够通过检验。除此之外，在分析过程中我们也能够得出一些总结性的结论：①回归分析的结果表明，风险投资企业的资本结构、组织结构、财权配置与多种财务治理机制相配合，从财务治理收益、财务治理成本和企业价值多个方面综合影响风险投资企业的财务治理效率。②各个解释因素对企业财务治理效率的影响方式不同。总体来说，风险投资企业的资本结构治理对财务治理收益、财务治理成本和企业价值多个方面都具有显著影响，因此其对企业财务治理效率的影响是综合性的；风险投资企的组织结构治理和财权配置结构对财务治理成本的作用大于对财务治理收益的作用，主要通过降低财务治理成本来提高企业财务治理效率。

实证结果表明，风险投资企业财务治理结构和财务治理机制对企业价值的作用并不十分显著，这主要是因为企业的财务治理效率并不直接表现为企业价值，在效用传递的过程中，这些因素的作用受到一定程度的干扰。但这并不意味着企业财务治理对企业价值没有影响，财务治理更深层次的目标即是实现企业价值最大化。

第5章 风险投资财务治理特性分析

5.1 风险投资联动财务治理特性分析

前文已述，风险投资中的两个委托代理关系不是完全孤立的，它们之间有着某种联系和影响，因而某一个委托代理关系的财务治理，包括治理结构和治理机制，会作用于另一个委托代理关系，两个委托代理关系财务治理是相互作用的过程。这种财务治理联动性，即财务治理时协调风险投资委托代理关系内部、委托代理关系之间的相互影响和相互作用，最终达到均衡状态的财务治理方式，是风险投资财务治理的重要特点。以往的理论和实际注重风险投资机构、风险投资企业的财务治理，忽略了它们之间的相互作用关系。本书认为，风险投资财务治理除关注风险投资机构和风险投资企业的治理外，还应关注这两者财务治理在股权结构、财权结构等方面存在的联动的特性。

风险投资机构和风险投资企业的财务治理为什么存在联动的特性？我们认为这与风险资本的内涵和委托代理关系理论密切相关。

5.1.1 风险资本运动与联动财务治理特性

风险资本本质上是货币资本与人力资本的结合。风险投资的过程也是伴随着货币资本与人力资本不断结合的过程：①风险资本筹集阶段。初始投资者将货币资本交给风险投资家管理，看重的是风险投资家的过往业绩、市场声誉和专业投资管理能力，即风险投资家的人力资本优势，初始投资者的货币资本与风险投资家的人力资本结合形成风险投资机构。②风险资本投资阶段。风险投资机构将初始投资者的货币资本和风险投资家的人力资本投入风险投资企业中，主要依据的是风险企业家的技术和管理企业的才能，即风险企业家的人力资本。这样，初始投资者的货币资本、风险投资家的人力资本（前文分析，风险投资家也可能投入很少的货币资本）和风险企业家的人力资本结合，共同作用于风险投资企业。
③ 风险资本退出阶段。该阶段是为下一周期的人力资本、货币资本的结合做准备。

　　上面我们论述的是按照风险资本中货币资本流动过程，从初始投资者到风险投资家，再到风险企业家，观察到的是货币资金的运动，人力资本隐藏在其中。但是，反过来从风险资本中的人力资本角度来看，风险资本高额回报的实现，也依赖于人力资本从风险企业家到风险投资家，再到初始投资者的反向流动（图 5-1）。

图 5-1　风险资本中的货币和人力资本流动

　　因此，风险资本的流动过程，从货币资本角度可以看做是初始投资者到风险投资家，再到风险企业家的过程；而从人力资本角度可以看做从风险企业家到风险投资家，再到初始投资者的逆向过程。这为风险投资委托代理关系间相互作用和反作用提供了理论解释，也为风险投资联动财务治理提供了理论的基础。

5.1.2　双重委托代理关系与联动财务治理特性

　　前文已分析风险投资中三个参与主体形成双重委托代理关系，即在风险投资机构中，初始投资者是委托人，风险投资家是代理人；在风险投资企业中，风险投资家是委托人，风险企业家是代理人。但是，如果把风险投资整个过程看成一个整体，那么初始投资者是出资者，是初始委托人，风险企业家是资本的最终使用者，是最终代理人，而风险投资家类似于中间人的角色。初始委托人与风险投资企业"距离远"，难以观察到风险投资企业的具体运作情况，尤其是对于没有上市的创业企业，初始委托人更难以了解其经营业绩，不能直接对风险企业家进行财务结构安排和激励约束。要改变这种境地，初始投资者与风险投资家委托代理关系（风险投资机构）的治理就显得尤为重要，并且他们之间的财务治理必须很好地传导至风险投资家与风险企业家的委托代理关系中。因此，风险投资的双重委托代理关系并不是简单的相加，风险投资的财务治理不仅是风险投资机构和风险投资企业分别进行财务治理，还应该包含两个委托代理关系的联动治理，即风险投资财务治理除了风险投资机构和风险投资企业的治理以外，还应该包括风险投资双重委托代理关系之间的联动效应。该联动效应能够实现风险资本的初始委托人（初始投资者）对风险资本最终代理人（风险企业家）间接有效的财务治理和激励约束，这是风险投资财务治理联动性的一方面。

风险投资联动财务治理联动性的另一方面，即风险企业家与风险投资家的财务治理和风险企业家对风险投资家的激励约束，能够联动、间接地对初始投资者产生作用。这种风险企业家反过来对初始投资者的间接财务治理和激励约束，也可以从风险投资中的人力资本形成的委托代理关系的角度来分析：初始投资者的货币资本获取高额回报，最终要依靠风险企业家的人力资本（管理、技术和创新能力），这期间，风险投资家也付出了自己的人力资本。简而言之，初始投资者通过风险投资家，最终利用风险企业家的人力资本获取回报。从人力资本角度看，风险企业家是初始委托人，初始投资者是人力资本的最终受托人（最终使用者）。因此，风险企业家与风险投资家的财务治理，在资本结构、财权结构等方面可以对初始投资产生联动效应。

5.2　风险投资机构财务治理特性分析

5.2.1　公司制风险投资机构财务治理特性

公司制风险投资机构相比其他公司制企业，在财务治理的多个方面存在共性。例如，财务控制权的总体安排都是在公司经理层、董事会和股东会各个层级之间进行分配；给予公司经营者适度财务收益分配权从而进行激励；等等。但是，正如前文论述，风险资本是货币资本与人力资本的结合，公司制风险投资机构中，股东或初始投资者提供风险资本，而风险投资家贡献人力资本，两者的有机结合才能共同创造高额的回报。这直接导致公司制风险投资机构的资本结构、财权配置等与其他公司制企业财务治理存在差异。

1. 资本结构

风险投资的特点是高风险、高收益。风险投资通常都不进行债务融资，因为从资金供给方看，债务融资的收益很难与风险投资的高风险相匹配。风险投资公司以股权资本为主，缺少了债权人参与财务治理，这与其他公司存在很大差异。资本结构是公司治理的基础和依据，风险投资公司的资本结构特点决定了其财务治理主要是协调出资人与资本管理者之间的利益关系。公司制风险投资机构中对风险投资家的出资并没有明确的约束。

2. 组织结构

风险投资机构的主要目的是通过不断的股权投资获取高额回报，在其组织结构的设计上表现出这种特性。公司制风险投资机构不仅设有董事会、监事会、财务部门等，还设立投资决策委员会、风险控制部等特殊的财务治理机构。投资决策委员会是风险投资机构所特有的决策部门，由公司高层管理人员、投资经理和外部技术专家等组成。投资决策委员会决策完成以后报董事会批准，它实质上是众多风险投资机构的最高决策部门。

3. 财权结构

财务控制权方面，公司制风险投资机构普遍的财务决策程序包括：项目经理—投资决策委员会—董事会—股东会。初始投资者通过董事会、股东会掌握重大财务控制权。风险投资需要风险投资家进行专业化运作，风险投资家通过投资决策委员会获取比其他公司更多的财务控制权。风险投资家在投资决策委员会中起重要作用，削弱了董事会的财务控制权。

财务收益权方面，风险投资家虽没有投入货币资金（或者出资极少），但其投入的人力资本是公司制风险投资机构成功的关键。为对风险投资家进行合理的激励，体现风险投资家的人力资本价值，风险投资家获得比其他公司更高的财务收益权，这在前文风险投资财务治理现状及案例中得到体现。

5.2.2　有限合伙制风险投资机构财务治理特性

在企业组织的变革过程中，组织形式的变革和治理结构模式的变革不单受企业所处的内外部环境因素的影响，二者之间本身也存在着相互影响和相互依存的关系（林志扬，2003）。有限合伙制风险投资机构的治理结构能有效地适应风险资本的供求变化和法律变化，有效地解决了利益相关者的矛盾，这种适应性效率也使它成为主流的风险投资基金治理结构（刘志阳和施祖留，2005）。我们认为，有限合伙制风险投资机构的治理结构优势主要体现在财务权力的合理配置上，即有限合伙制风险投资机构的财务治理存在自身特点和优势。

1. 资本结构

有限合伙制风险投资机构的资本结构中，一般95%以上是初始投资者出资，风险投资家出资 1%~5%；初始投资者承担有限责任，风险投资家管理合伙事务并承担无限责任。这样的资本结构实质上体现了风险投资家的人力资本价值。风险投资家货币资本出资比例低，但其将专业投资管理才能投入风险投资机构中。各个有限合伙制风险投资机构出资比例不同反映了风险投资家的人力资本的差异（或者是能观察到的人力资本的差异）。风险投资家的声誉、业绩好，表明风险投资家具有更好的专业才能和职业精神，人力资本的价值越高，货币出资比例低。有限合伙制风险投资机构的资本结构更明确地展现了风险投资的特点。

2. 组织结构

有限合伙制风险投资机构设有投资决策委员会，以及合伙人大会和风险控制部等其他日常管理机构。投资决策委员会由风险投资家、其他投资顾问组成，是风险投资机构的最高决策部门。初始投资者不参与管理决策，通过合伙人大会或投资顾问委员会进行监督。有限合伙制组织结构设计简单，但可以保证投资的高效率。

3. 财权结构

1）财务控制权

依据一般的合伙协议，在有限合伙制风险投资机构中，风险投资家具有良好的投资管理才能，负责日常经营管理，拥有决策权并承担无限责任；拥有资金的初始投资者不参与风险投资日常管理和不干涉风险投资家项目决策等，承担有限责任。风险投资家同时拥有风险投资机构的日常财务管理权和项目投资等重大财务决策权，也就掌握着财务控制权，这样的财务控制权配置方式完全与现代公司财务治理不同。现代公司制经营者与所有者利益不一致，会产生逆向选择和道德风险，需要形成相互制衡的控制机制。因此，公司财务治理实行的是日常财务管理权和财务决策权在股东、董事会和经理层等之间进行分离配置的模式，通常董事会和股东大会掌握重要财务决策权，经理层拥有日常财务管理权。那么，有限合伙制风险投资机构这种财务控制权分配为什么更能促进风险投资业的发展呢？

第一，虽然传统风险投资理论认为，风险投资机构是风险投资家与初始投资者委托代理关系的载体，风险投资家管理初始投资者的资金，是代理人；初始投资者是委托人。为解决委托代理问题，财务控制权就应该在多个主体间进行配置。但是，有限合伙制风险投资机构的委托代理关系与公司制委托代理关系有很大的区别。有限合伙制中，风险投资家虽然是经营管理者，但同时也是合伙人，通常要有1%左右的出资。1%的风险资本相对较小，但绝对额仍然较大，因为风险资本募集资金规模一般都上亿元，甚至几十亿元，如东海风险投资募集资金10亿元，东方富海风险投资基金注册资本9亿元。风险投资家是经营者也是所有者，与其他有限合伙人的利益一致，因此风险投资家能尽自己最大的努力做出正确、高效率的决策①。

第二，有限合伙制中权与责的匹配可以进行有效的约束。大多研究认为，企

---

① 尽管风险投资家可能由于经验能力等原因，做出的决策不是最优的，但至少不会产生风险投资家的道德风险。

业所有权必须与控制权匹配才能实现效率最大化。有限合伙制中，风险投资家拥有财务控制权，当风险投资机构经营失败，产生负的净收益时，风险投资家需要对债务承担无限责任；当风险投资机构取得正的收益，风险投资家能够获取比其出资比例更高的利润分成。这种制度的安排使风险投资家的权与责相对应，体现了控制权与所有权的匹配。

第三，风险投资家掌握财务控制权，能够提高风险资本的投资效率。有限合伙制风险投资机构是有存续期和投资期限的，这就要求投资必须具备一定的效率。风险投资家能够利用自身的投资管理经验和专长，相对独立地做出决策，不必经过诸如公司制从董事会再到股东大会等复杂的决策过程，极大地提高了风险资本的投资效率。

2）财务监督权

有限合伙制风险投资机构的财务监督权所具有的特性体现在初始投资者能够绝对独立、高效和强有力地行使财务监督权。公司治理理论认为，控制权与监督权分离是权力制衡的基本要求。前文分析了有限合伙制中风险投资家掌握财务控制权，那么初始投资者行使财务监督权则是必然的。

初始投资者行使财务监督权的方式有很多，主要是设立投资顾问委员会，投资顾问委员会成员由有限合伙人组成，风险投资家的投资决策需要投资顾问委员会成员签字确认等。投资顾问委员会的这种财务监督权与前文提到的有限合伙人独立的财务决策权是不同的。投资顾问委员会无须像风险投资家一样对大量的项目进行筛选，只需对风险投资家甄选后决定投资的项目进行最后的复核，这是一种后台的监管权。相对于风险投资家的"积极"的基金管理运营权，投资顾问委员会行使的是一种"消极"的财务监督权，但这种财务监督权也是保障基金安全和降低风险的终极防线。初始投资者作为有限合伙人，不参与风险投资机构经营管理决策事务，是风险投资机构的"外部"监督人，具有绝对独立性。初始投资者的财务监督权源于他们对风险投资机构的所有权，而这种监督权是有限合伙人切身利益的重要保障，因此，初始投资者作为风险资本的主要出资者，有强烈的动机尽职尽责地行使监督权并有效监督经营决策。同时，由于有限合伙人的出资比例达到99%左右，因此保证了有限合伙人组成的投资顾问委员会的财务监督权是强而有力的。

除此之外，初始投资者也可以"用脚投票"进行财务监督。有限合伙制风险投资机构（基金）有存续期，一般是7~10年，期满后风险投资家就失去了对风险投资机构的财务控制权，需要进行清算并重新募集基金。如果风险投资家在存续期间的财务业绩太差，原有限合伙人清算后将会转投其他优秀的风险投资机构，而原来风险投资家市场声誉将受到损害，不能在风险资本市场中立足。有限存续期赋予有限合伙人在基金存续期内根据基金业绩来决定是否解雇风险投资家的选择权，实质上是有限合伙人行使财务监督权的一种保障机制。

因此，从上文分析可以看出，有限合伙制财务监督权相比公司制有很大的特殊性。有限合伙制中初始投资者不参与经营管理，拥有完全的财务监督权。公司制风险投资机构虽然同样是财务控制权与财务监督权分离，但财务监督权是在多层利益主体间配置的，表现为股东大会、董事会、监事会的财务监督权。其中，股东大会不是常设机关，其财务监督权往往交给董事会或监事会，仅保留对结果的审查和决定权力。董事会通常都拥有财务控制权，独立性令人怀疑。部分风险投资机构聘请独立董事拟解决独立性的问题，但独立董事由大股东提名，财务监督权的独立性仍受到质疑；此外，独立董事的尽职程度饱受争议。而监事会成员在风险投资机构中兼职，外部监事比例小，可能存在监事会虚置现象，监事会财务监督权的有效性较差。

3）财务收益分配权

有限合伙制风险投资机构中，风险投资家能够获得相对其出资比例更高的收益分配权，这是有限合伙制风险投资机构特殊的财务治理机制，也是对普通合伙人有效的激励。财务收益分配权关系到风险资本各利益主体报酬的实现，因此成为风险投资家和初始投资者争夺的焦点。有限合伙制的理念在于"有钱的出钱，有力的出力"①。风险投资家负责经营管理，投入大量的人力资本，财务收益分配权激励体现了人力资本在风险投资中的重要性。同时，风险投资家掌握了财务控制权，除了需要承担无限责任进行约束以外，还需要进行相应的激励，收益分配权激励是其中最重要的手段。风险投资家的报酬主要由两部分组成，一部分是管理费，通常在合伙契约中协商具体的提取比例，一般为 2%，以实际收到的出资额为提取基数。固定管理费保证风险投资机构的成本公开透明、可控。另一部分是业绩报酬，即利润分配比例，风险投资家作为普通合伙人一般享有 20% 左右的利润分配权，相对于风险投资家的出资比例，其获得了更多的收益分配权。这种收益分配激励在风险投资家作为合伙人之一的基础上，使普通合伙人的财务控制权与索取权相匹配，进一步将风险投资家的利益与初始投资者的利益结合在一起，极大地减轻了风险投资机构的委托代理问题。

综上所述，本节提出如下观点。

公司制和有限合伙制风险投资机构的财务治理特性存在一定的差异。例如，资本结构中有限合伙制对风险投资家的出资有 1%~5%的要求；公司制组织机构中设有董事会。但整体上，公司制和有限合伙制风险投资机构在资本结构、组织结构和财权结构上都有很大的相似之处，如资本都是股权资本，投资决策委员会都是最高的权力机构，风险投资家被赋予更多的财务控制权和财务收益权，等等，

---

① 陈玮. PE 的模式之争. 长三角，2009，（9）：36-37.

这些都是风险投资机构财务治理所特有的。

　　风险投资机构上述部分财务治理特性也表明了风险投资财务治理的联动性。投资决策委员会是将董事会、有限合伙人与风险投资企业联系起来的重要纽带，它反映了风险投资双重委托代理关系之间的影响和财务治理的联动性。初始投资者通过投资决策委员会了解风险投资企业的状况，也会通过投资决策委员会赋予风险投资家更多的财务控制权。风险投资家获得财务控制权的多少体现了风险投资家的才能和初始投资者对风险投资家的信任，这将影响风险投资企业中风险投资家与风险企业家之间的财务控制权分配。此外，风险投资机构中初始投资者分配给风险投资家的财务收益分配权，会影响风险投资家在风险投资企业中的努力程度，同时也影响风险投资机构在风险投资企业中所获得的收益。反之，风险投资机构从风险投资企业所获得的收益也反向作用于风险投资家获取财务收益分配权，这种财务收益分配权的特性正体现了财务治理的联动性。正因如此，无论是公司制还是合伙制风险投资机构，风险投资家获得较多财务收益分配权的特性是必然的。

5.3　风险投资企业财务治理特性分析

　　风险投资企业是指获得风险资本投资的，处于种子期、初创期或成长期的企业。风险投资企业一般是拥有新技术、新方法、新点子和新模式的新型企业。新型企业在接受风险资本投资前有自身明显特征：一是企业由个人或多人合作创办，股权相对集中，家族控股普遍；二是企业的经营风险大，不确定性高；三是企业治理意识淡薄，企业治理不完善，所有权、经营管理权和监督权没有分离。新型企业在接受风险资本后，风险投资家和创业者之间形成委托代理关系；又因为风险资本和风险投资企业自身的特点，风险投资企业财务治理在多方面存在特殊性。

5.3.1　风险投资企业财务治理的资本结构特性

　　代理成本理论认为，不同的资本结构对企业管理层会产生不同的激励作用（Jensen and Meckling，1976；Myers and Majluf，1984）。控制权理论强调，企业资本结构的变化会使控制权在股东、债权人之间转移（Harris and Raviv，1998；Aghion and Bolton，1992；Hart，1995）。因此，资本结构不仅影响企业的资本成本和企业价值，而且还通过激励作用的变化和控制权的分配对企业的治理结构施加影响。

1. 股权—债权资本结构

风险投资企业成立的时间很短，没有足够的经营历史记录，过往的经营业绩难以被观察和证实，同时，处于成长期的风险投资企业现有经营业绩难以达到债务融资和公开市场融资的要求，其很难获得银行等其他金融中介的资金支持。风险资本专业扶持有巨大发展潜力的企业，是风险投资企业的主要资金来源。例如，美国的风险投资约占高技术初创企业获取外部权益资本的三分之二，是高新企业最主要的融资渠道（郭文新和曾勇，2009）。因此，风险投资企业的资本主要来源于创立者的原始资本和风险资本，极少其他股权资本和债权资本。公司治理理论认为，债权人有权对公司行使监督权，并在非常情况下（如破产清算时）拥有控制权。风险投资企业的这种资本结构特点直接导致债权人治理在企业财务治理中薄弱或缺失。

2. 股权结构

风险资本与风险企业家投入的股权资本成为风险投资企业资本的主要组合部分。风险资本投资于风险投资企业一般不谋求在股份上对企业的绝对控制，企业的最大股东仍然是创业者，而且风险投资家并不把对目标企业的投资作为普通的实业或产业投资来谋求控股①。这是因为风险投资的理念是通过扶持创业者成功以获取高额回报，被投资企业的创业者和管理团队是得到风险投资家高度认同的，不控股是为给予风险投资企业创业者更大的激励和更多的施展空间。风险资本持股比例较低、风险企业家控股，这是风险投资企业普遍的股权内部结构。但是，风险投资企业先天信息不对称、治理结构不完善的特点，以及风险投资企业的创立者本身可能是营销方面的专家，还可能是技术专家，不精通于经营管理。这使风险投资家陷入了两难的境地，既不能通过较高的持股进行过多的干预，又不能放任风险投资企业和企业家自由发展。此外，风险投资企业大多是中小高新企业，风险企业家作为创立者在企业中拥有绝对的控股权，股权结构集中，虽然风险资本投入使风险投资企业的股权结构多元化，但风险投资企业的股权结构仍相对集中。

5.3.2 风险投资企业财务治理的组织结构特性

风险投资企业与其他企业相比，其组织结构有自身的特点。目前中国的高新企业大多采用公司制组织形式，因此，下文主要研究公司制风险投资企业的组织结构特性。

---

① 徐洪才. 中国创业投资评论—北京科技风险投资公司. 清科创业投资研究中心，2004.

1. 风险投资企业董事会

由于风险资本不同于其他普通权益资本，高新企业接受风险资本投资后成为风险投资企业，其高层组织结构——董事会与其他企业在控制权、决策等方面有很大差异。

风险投资企业一般由风险企业家创立，风险投资家通过评估、筛选，将风险资本投入风险投资企业，成为风险投资企业的股东。风险投资企业由于高度的信息不对称性和不确定性，资金来源渠道有限、股权集中程度高、股东人数较少，所有的股东都可以是董事会成员，因此风险投资企业的股东会和董事会具有相同的职能。风险投资企业的董事会由风险投资家、风险企业家和其他风险投资企业创立时的所有股东组成。风险投资家不仅对风险投资企业投入资金，而且还要参与企业的经营管理，提供一系列的资本经营服务。风险投资家参与风险投资企业的经营管理，一方面是由于风险投资企业缺乏管理能力和经验；另一方面是为减少风险投资家和风险企业家的信息不对称。风险投资家不仅参与风险投资企业董事会，还经常光顾风险投资企业，向风险企业家提供建议和咨询服务，如帮助筹集资金、审议战略计划、招聘金融和人力资源管理专家、介绍潜在的客户和供应商、引见公共关系和法律事务专家等（熊波和陈柳，2006）。

风险投资家作为风险投资企业的投资者，同时参与风险投资企业的日常经营管理。风险投资家既是董事会成员，又参与风险投资企业日常经营管理的组织结构安排，是风险投资企业高层组织结构的最重要的特性，这种特性概括见表5-1。

表 5-1　风险投资企业与其他企业董事会特性对比

企业类型	风险投资企业	大型企业（如上市公司）	其他中小企业
董事会人数	少	多	少
股权分散集中程度	相对集中	分散	高度集权
董事会成员	风险投资家和风险企业家为主	外部投资者为主	内部人，家族成员为主
董事会控制权	由风险投资家掌握并随着企业发展逐步向风险企业家转移	股权比例	个人、家族控制
董事会决策作用	大	大	小

2. 风险投资企业管理层

在风险资本投入风险投资企业前进行项目评估时，管理层的素质通常是投资者决定是否投资的最重要的因素，在评估中被赋予很大的权重。风险企业家创立风险投资企业，占风险投资企业的股权比例较高。风险资本投入风险投资企业后，为激励风险企业家，不会绝对控股风险投资企业，风险企业家仍持有较高的股权比例。因此，风险企业家具有双重身份，一方面作为持股较高的股东，参与风险投资企业董事会；另一方面作为难以替代的核心技术和管理人员，负责风险投资企业的日常经营管理。这种形式的风险投资企业管理层组织结构具有自身的特性。

风险企业家虽然处于风险投资企业管理技术层，但其持有风险投资企业较高的股权比例，这完全不同于一般企业的管理层股权激励或者期权激励。风险企业家在风险投资企业的早期对风险投资企业拥有相当的影响。公司治理的动因在于激励约束公司管理层，但风险企业家并不像其他类型企业的管理层，需要在风险投资家严密的激励约束体系下才努力工作。风险企业家在创业时都有强烈的创新精神及强烈的自我激励精神，能够实现自我激励。

5.3.3　风险投资企业财务治理的财权结构特性

风险投资家拥有比其持股比例更多的财务控制权和财务监督权。大多现实情况表现为：投资者持有股份达50%以上即能控股，对企业便拥有绝对财务控制权。这种现实的传统理论观点在于：企业的所有权与控制权相匹配。但是，与其他企业不同，风险投资企业中所有权并不与控制权相匹配，风险投资家往往能获取比其持股比例更大的财务控制权。由于风险资本的稀缺性，风险企业家为获取发展所急需的资金，必须失去部分财务控制权以实现自身的最大利益。风险投资企业中的财务控制权主要包括日常财务管理权、重大财务决策权。风险投资家参与制定风险投资企业的财务制度和财务战略等，掌握日常财务管理权。风险投资机构获取比其持股比例更高的董事会席位和监事会席位，参与风险投资企业的重大财务决策，对风险企业家进行监督。风险投资家也可能与风险企业家签订契约条款，拥有一票否决权等特殊财务控制权。风险投资家拥有更多的财务控制权和财务监督权可以减少信息不对称，实现最大投资收益。

5.3.4　风险投资企业财务治理机制特性

1. 风险资本的分阶段投资

分阶段投资也是对风险投资企业的一种激励约束手段。资本分期注入对风险企业家产生激励作用。风险投资家提供给每个风险投资企业的资本都是非常宝贵的资源。在风险投资企业发展良好的情况下，风险资本分期投入可以向外界传递积极的信号，同时可以提高风险企业家的声誉，是一种有效的激励工具。分阶段投资的另一个作用在于它促进了风险投资家与风险企业家的信息交流，减少两者的信息不对称。每一阶段的投资，风险企业家都要披露大量的信息，风险投资家所获取的企业信息就较多，就能做出更好的投资决策。此外，若风险投资企业发展不顺利，风险投资家将给予风险企业家惩罚：拒绝向风险企业家提供资本，有时会使风险投资企业处于绝境。同时，风险投资家还向其他资本提供者发出了该企业是一项不成功投资的信号。因此，从财务治理视角看，分阶段投资是风险投资家在风险企业家拥有有关自身能力、努力程度及投资项目私人信息的条件下，通过对投资权的灵活运用以约束风险企业家的筹资权，降低企业家挥霍企业自由现金流量的机会，进而抑制后者的机会主义倾向，降低风险投资企业的代理成本，保护自身利益的一种财务治理机制（蒋卫平，2005）。

2. 风险资本的联合投资

风险资本之间的合作是风险投资中的一个重要特征。风险资本的联合投资的功效主要包括：分散投资风险；使风险机构之间优势互补；满足风险投资企业更多的资金需求。此外，联合投资是风险资本重要的财务治理机制。

风险资本投资很少以风险投资企业的控股权为目的，风险资本占风险投资企业的股权份额相对较少。但由于风险投资企业固有的高风险性，风险投资家会谋求风险投资企业部分财务权力的控制，如财务决策权的一票否决权等特殊财务权力。风险资本联合投资在风险投资企业的财权分配过程中也能发挥重要的作用。风险投资家与风险企业家的理念、目标存在差异，而风险投资家之间在这些方面通常比较接近。在风险投资企业的运作过程中，存在着财务权力的分配和争夺。在风险资本处于非控股的情况下，尤其是不具备特殊财务权力时，单个风险投资家的话语权有限。风险资本联合投资下，当风险投资家与风险企业家发生分歧时，多个拥有丰富经验和其他资源的风险家能够给予风险企业家足够的压力，从而争取更多的财务权力。同时，多个风险投资家之间可以实现信息共享，减少与风险企业家之间的信息不对称，这本身有利于改善风险投资企业的财务治理。

3. 风险投资企业的相机财务治理

风险投资企业控制权配置的特点在于财务权力的相机性，即财务权力的动态的配置机制，财务权力随着风险投资企业的经营业绩的变化而在风险投资家与风险企业家之间转移，那么，风险投资企业的控制权为什么具有相机配置的特性？风险投资家与风险企业家之间形成委托代理关系，虽然风险投资家通过参与风险投资企业管理、积极监督等方式减少委托代理成本，但逆向选择和道德风险始终存在，风险投资家与风险企业家之间的利益冲突不可避免。财务权力的相机性，是打破既得利益的手段，也是给予利益受损失一方保护自己利益的机会，当利益受损失方掌握了财务权力，才能通过重新配置企业利益来弥补自己的损失。在风险投资企业中，风险投资企业经营业绩没有达到合同的要求，风险企业家的经营活动和努力程度不能完全观察，风险投资家会认为产生了风险企业家的道德风险，这时风险投资家要加大对风险投资企业的控制。反之，当风险企业家经营状况良好时，风险企业家的才能和努力得到证实，风险企业家要重拾接受投资时让渡的部分控制权。风险投资企业中财务权力的调整，可以引导风险企业家的行为，对风险企业家发挥激励和约束的作用。

4. 投资工具的选择

在风险投资领域广泛应用的可转换证券，作为一种投资工具，形成对风险企业家的激励和约束。风险资本投资于风险投资企业时，可采用可转换优先股或者可转换债券，而风险企业家持有的是普通股。在经营失败时，风险投资家优先拥有风险投资企业的收益分配权，风险企业家的普通股的收益分配权排在最后。在企业经营成功时，风险投资家的投资可以按照一定的条件转换为普通股，使投资得到增值。

5. 参与管理和提供增值服务

直接参与管理财务治理效应在于财务决策权与财务监督权的实现。由于信息不对称性和环境不确定性，风险投资家与风险企业家之间的契约往往是不完备的。风险投资契约不能对双方的各种财务权力和责任进行规定，也不能预料到未来所有的状况。风险投资家参与风险投资企业的管理，可以观察和监督风险企业家的行为和付出的努力，同时还能给予风险企业家经营管理方面的建议，弥补风险企业家经营管理能力可能的不足。这种管理活动不是替代风险企业家的日常管理活动，而是风险投资家实现其财务决策权和财务监督权的重要途径。

得到风险投资支持的风险投资企业往往是没有任何业绩的新创企业，而且投资取得的股权缺乏流动性，必须长期持有。在投资回收前，投资者必须连续不断地追加投资扶持企业成长。因此，风险投资家必须直接参与风险投资企业的管理。风险投资家的管理活动通常限于帮助企业制定发展规划、提供咨询服务、募集追加资本，将企业带入资本市场运作以顺利实现必要的兼并收购和发行上市。为了实现对风险投资企业的控制，风险投资机构在风险投资企业的董事会中应占主导地位，即使是在风险投资公司所占份额较小的企业中，风险投资公司在董事会中至少应拥有一个席位，以便有效参与风险投资企业的管理，并及时获得相关信息。风险投资家都希望加强自身在风险投资企业董事会中的地位和作用，帮助风险投资企业制定发展战略和做出重大决策。同时，风险投资家应充分发挥自己的专家特长，帮助企业经营，为风险投资企业提供全方位的管理支持，并定期对风险投资企业的发展方向、企业财务状况进行有效监督。即使风险投资企业成功上市，创业投资家也可能作为风险投资企业的股东和董事，继续对风险投资企业进行监督。

综上所述，本节提出如下观点。

风险投资企业的资本结构特点是：债务资本较少，股权结构集中；风险企业家控股，单个风险投资机构持股比例一般较低。组织结构中，风险企业家是最大股东、董事会成员，也是企业的技术和管理的核心成员；风险投资家参与董事会的同时参与风险投资企业的具体管理。财务结构方面，风险企业家为获取风险资本，选择让渡更多的财务控制权，风险投资家则能够获取比持股比例更高的财务控制权。分阶段投资、联合投资和相机财务治理等是风险投资特殊的财务治理机制。

上述风险投资企业财务治理所展现的特性，既有风险投资企业特殊性的原因，也有风险资本特殊性的原因，特别是风险投资双重委托代理关系中财务治理联动性的原因。初始投资者和风险投资家的最终回报来源于风险投资企业和风险企业家的技术、管理才能。初始投资者将资本交予风险投资家管理的意义在于风险投资家的专业投资能够找寻到更好的投资项目。因此，风险投资企业的财务治理特性——风险企业家控股并作为技术、经营的核心成员继续管理风险投资企业，实质上是风险投资家向初始投资者传递信息，表明投资的风险投资企业和风险企业家才能能够带来高额回报。风险投资机构参与董事会、获取监事会席位并进行监督和提供增值服务等进一步向初始投资者确保投资的成功。当风险投资企业经营不善，风险投资家会通过相机条款增加股权或更换风险企业家等措施进行补救。从中可以看出，风险投资企业财务治理特性很大程度源于风险投资家与风险企业家之间委托代理关系的影响。

第6章 风险投资财务治理体系构建研究

6.1 风险投资机构财务治理体系构建

6.1.1 公司制风险投资机构财务治理体系的构建

1. 财务治理结构

1) 资本结构

由于风险资本具有高风险和高收益的双重特性，选择合适的投资工具、合理安排资本结构对降低初始投资者的风险，保护初始投资者的利益十分重要。一方面，资本结构不仅揭示了企业的资金来源，同时也能揭示企业的产权关系。由于财权对产权的依赖，产权制度的安排在一定程度上决定财权的配置，最终决定企业的财务治理，所以财务治理要以资本结构为基础。另一方面，财务治理中财权的配置并不是消极地受产权的影响，反过来它也会影响企业的筹资决策，从而影响产权的变动（伍中信等，2006）。因此，要充分考虑资本结构在财务治理中的重要作用。

风险资本是权益资本，风险投资机构的资本结构主要指股权结构。如果风险投资机构以股权契约的形式对外融资，初始投资者就是公司的所有者，拥有公司的剩余索取权和剩余控制权，股权融资的治理通过初始投资者对公司的控制来实现。初始投资者对公司的控制有内部控制和外部控制两种形式。内部控制是一种"用手投票"的行权方式，其有效性将取决于三个因素，即股东的性质、股权集中度和股东投票权限的大小。外部控制方式则是一种股东"用脚投票"的行权方式，达到外部控制有效性的前提是资本市场发达、股权相对分散且流动性强等。

公司制风险投资机构如果完全由初始投资者出资，初始投资者自主决策或强力干预决策的问题必定会广泛存在于我国公司制风险投资机构中。由于初始投资者不是专业的投资者，与风险投资的专业性投资特点相违背，决策效率和投资效率都大大降低。公司制风险投资机构可以通过风险投资家的货币出资解决其效率问题。风险投资家的货币资本投入与初始投资者的利益趋于一致，初始投资者倾向于授权。从风险投资机构的委托代理关系看，风险投资家的货币资本和人力资本出资与初始投资者的货币出资进一步对等，使初始投资者成为风险投资家的货币资本和人力资本代理人的角色，两者在委托代理关系内部的财务治理更容易产生互动；从整个风险投资双重委托代理关系看，风险投资家与风险企业家之间委托代理关系的治理更多地融入了初始投资者的利益，表明双重委托代理关系之间产生了联动财务治理效应。

2）组织结构安排

风险投资企业的组织结构是风险投资企业治理机制的形式和重要载体，是设置风险投资机构内部各级行政组织和各类职能部门，分配责任、权限和应有利益，使它们分工协作、相互制约，谋求风险投资机构整体活动高效化。风险投资机构通过其内部决策权、控制权及监督权的分配和制衡，形成组织机构间各负其责、有效运转、权利和义务相制衡的关系。财务组织结构安排实质上体现的是由初始投资者为起点形成的风险投资机构财务权力多层次配置格局。

风险投资机构实行项目管理制，其组织机构的安排也围绕项目管理展开。在投资前的项目管理中，风险控制和投资决策是最重要的环节。我国公司制风险投资机构都需要设置风险控制部和投资决策委员会。风险控制部是对拟投资项目进行全面的调查和评估，为投资决策提供重要参考意见的部门。投资决策委员会由机构部分投资者、高层管理人员（风险投资家）和该项目经理组成。这两个组织机构的设立不同于一般公司的董事会、监事会。风险控制部和投资决策委员会的部分成员都对风险投资企业有深刻的了解，有效地连接初始投资者和风险投资企业，是初始投资者与风险投资企业产生联动的组织结构安排。

3）财权结构

在联动治理下，公司制风险投资机构的资本结构是风险投资家较少部分出资，组织结构中设立投资决策委员会，这种资本和组织结构部分决定了风险投资机构财务权力的分配。公司制决定了初始投资者不可能由风险投资家掌握财务控制权，当风险投资家出资时，初始投资者授予风险投资家更多的财务控制权，但同时也保留对重大财务决策的参与权和对特别重大事件的否决权。风险投资家有人力资本优势，深入了解风险投资企业，对所有重大决策有否决权，但没有决定权，对非重大决策有决定权。

在公司制风险投资机构中，对风险投资家收益分配权的确定是最重要的财权分配。前文已论述，联动财务治理的资本结构应该是风险投资家投入人力资本和少量货币资本，风险投资家有权参与收益分配，且风险投资家的收益分配权与风险投资企业的业绩之间相互影响。在联动财务治理中，风险投资家的分配权如何确定呢？本书用风险投资家在风险投资机构中的利润分配比例来表示其获得收益分配权的高低。

设 $x=a+\mu$ 为接受风险资本投入的风险投资企业的产出函数（其中，μ 为服从正态分布的随机变量；$E\mu=0$；$D\mu=\sigma^2$）。风险企业家的报酬为 $Y(x)=\alpha+\beta x$，其中，α 为固定报酬；β 和 $1-\beta$ 分别为风险企业家和风险投资机构的收益分配比例。风险企业家的成本函数为 $C(a,r)=\dfrac{(a+r)^2}{2}\cdot b$。其中，$b>0$ 为常数系数；r 为风险投资家侵占的风险投资企业中属于初始投资者的利益，风险投资家侵占越多，风险企业家要使风险投资企业达到同样的业绩就需要付出更多。假设风险投资家和风险企业家都为风险中性者（姚佐文等，2003），风险企业家的效用函数为 $U=e^{-\rho\beta}$（ρ 为不变风险规避系数）。g 为风险企业家的保留效用。

这时风险投资家的效用为
$$U_{vc}=x-Y(x)+r$$

风险投资家期望效用最大化为
$$\max E(U_{vc})=a-\alpha-\beta x+r$$

风险企业家的确定性等价收入为
$$U_{en}=Y(x)-C(a,r)=\alpha+\beta x-\frac{(a+r)^2}{2}\cdot b-\frac{1}{2}\rho\beta^2\sigma^2$$

其中，$\dfrac{1}{2}\rho\beta^2\sigma^2$ 为风险企业家的风险成本。

风险企业家效应最大化的一阶条件是
$$\frac{\partial U_{en}}{\partial a}=\beta-(a+r)b=0$$

则 $a=\dfrac{\beta}{b}-r$。

$$\max E(U_{vc})=-\alpha+(1-\beta)a+r \qquad (6\text{-}1)$$

$$U_{en}=\alpha+\beta x-\frac{(a+r)^2}{2}\cdot b-\frac{1}{2}\rho\beta^2\sigma^2\geqslant g \qquad (6\text{-}2)$$

$$a=\frac{\beta}{b}-r \qquad (6\text{-}3)$$

解方程（6-1）~方程（6-3）得
$$\beta=\frac{1}{1+b\rho\sigma^2}，\ a=\frac{1}{b+b^2\rho\sigma^2}-r$$

于是风险投资企业价值为 $EX = \dfrac{1}{b+b^2\rho\sigma^2} - r$，该式表明在风险投资家实现自身效用最大化的情况下，风险投资企业的价值与风险投资家侵占初始投资者的利益成反比。

通过上述分析我们可以看出，风险投资家可以通过参与管理等一系列措施有效地监控风险企业家，降低风险企业家的代理成本，实现企业价值的最大化，这是风险投资企业财务治理的最终目标。但是，如果风险投资家寻求掠夺初始投资者的利益，则会导致风险投资企业的价值下降，最终损害初始投资者的利益。因此，初始投资者如果能够把风险投资家侵占的利益控制在一定范围之内，从而增加风险投资企业的价值，那么整个风险投资治理的传导机制就得以建立。

下面，我们假设 $R = \dfrac{1}{r}$，且令 $R = e + \delta$（其中，$E\delta = 0; D\delta = \sigma_0^2$）。初始投资者对风险投资家的监督成本为 $T(R) = c + dR$（c 为风险投资家的固定报酬；d 为支付风险投资家的风险资本管理费率），风险投资家的代理成本为 $C(e) = \dfrac{f}{2}e^2$。g_0 为风险投资家的保留效用。

初始投资者的期望收益函数为

$$E(U_1) = (1-d)e - c$$

风险投资家的确定性等价收入为

$$E(U'_{ve}) = c + de - \frac{1}{2}\rho_0 d^2\sigma_0 - \frac{f}{2}e^2$$

风险投资家效用最大化的一阶条件为

$$\frac{\partial E(U'_{ve})}{\partial e} = d - fe = 0$$

则 $e = \dfrac{d}{f}$。

初始投资者与风险企业家的委托代理模型为

$$\max E(U_1) = (1-d)e - c \tag{6-4}$$

$$c + de - \frac{1}{2}\rho_0 d^2\sigma_0 - \frac{f}{z}e^2 \geqslant g_0 \tag{6-5}$$

$$e = \frac{d}{f} \tag{6-6}$$

解方程（6-4）~方程（6-6）得

$$d = \frac{1}{1 + f\rho_0\sigma_0^2}, \ e = \frac{1}{f + f^2\rho\sigma_0^2}$$

将 d，e 代入 R 得

$$ER = \frac{1}{1 + f^2 \rho_0 \sigma_0^2}, \quad Er = f + f^2 \rho_0 \sigma_0^2$$

上式表明，初始投资者有效地解决风险投资家的激励约束问题后，则会把风险投资家期望的剩余索取权和剩余控制权控制在平均水平为 $f + f^2 \rho_0 \sigma_0^2$ 的合理范围内。

通过以上总的分析，风险投资双重委托代理链中，初始投资者可以给出一个风险投资家的利润分配比例 $d = \dfrac{1}{1 + f \rho_0 \sigma_0^2}$，把风险投资家侵占初始投资者的利益控制在合理的范围 $r = f + f^2 \rho_0 \sigma_0^2$ 内。风险投资家根据侵占的剩余索取权和剩余控制权与风险企业家签订最优契约 $\beta = \dfrac{1}{1 + b \rho \sigma^2}$，从而使风险投资企业的价值最大，即 $\max EX = \dfrac{1}{b + b^2 \rho \sigma^2} - r = \dfrac{1}{b + b^2 \rho \sigma^2} - f + f^2 \rho_0 \sigma_0^2$。此时，初始投资者、风险投资家和风险企业家均实现了自身利益最大化。

如果风险投资家投入的资本比例为 t，则风险投资家的分配比例为 $d+t$。

2. 财务治理机制

财务治理机制的实质是由本金的投入与本金收益活动等相互联结的部分构成的财务活动体系，是社会再生产的自动调控系统之一，是经济机制的重要组成部分。

财务基础机制是财务领域最为重要、最为根本的机制，对财务治理、财务管理等不同领域的财务特殊机制都具有决定性影响。通过研究，衣龙新（2005）认为财务机制包括主体机制、动力机制和制衡机制三大组成部分。主体机制是本金的投入活动，是财务机制最为重要的组成部分；动力机制是本金的收益活动，是财务机制运行的目的；制衡机制是制约本金投入与收益活动的内部调节机制，保证财务机制运行顺畅。

就风险投资机构而言，财务的基础机制主要是财权配置的主体机制、财权配置的动力机制和风险投资机构内部各权力机构之间的制衡机制。在风险投资的第一重委托代理关系中，财权配置的主体是初始投资者，通过财权在风险投资机构的合理配置，达到控制风险、保障初始投资者的利益的目的。动力机制通过对财权的配置，最终达到控制风险、实现风险投资机构价值最大化的目的。风险投资机构内部各权力机构之间的制衡机制主要是指风险投资机构内部董事会、管理层和监事会三者之间财权的配置及三者之间的相互制衡，提高资金的使用效率，规避不必要的风险，实现风险投资机构的价值最大化。

许多学者都指出有限合伙制能够解决第一重委托代理关系中所产生的逆向选择和道德风险，但由于政策及资本市场的原因，在我国有限合伙制这种组织形式才刚刚起步，而众多的风险投资机构的组织形式为公司制。通过研究我们不难发现，有限合伙制的核心是有效的激励约束机制。在这种情况下，我们可以借鉴有限合伙制这种组织形式的有效的激励约束机制，并将其运用到公司制组织形式中，促进风险投资机构的发展。

具体激励机制的探讨将在 6.2 节有限合伙制中探讨，在此不再赘述。

3. 案例分析——以紫光创投为例

1）公司简介

清华紫光科技创新投资有限公司（简称紫光创投）由紫光股份（000938）、联合路桥建设（600263）、中海海盛（600896）、中钨高新（000657）、燕京啤酒（000729）、凌钢股份（600231）、常山股份（000158）、天茂集团（000627）、沈阳公用（0747-HK）、川投集团和仕奇集团等大型央企、地方国资及上市公司于 2000 年 4 月 19 日共同发起设立。

紫光创投依托清华大学经济管理学院的智慧支持组成核心管理团队，通过发起募集并受托管理各类 PE/VC 基金，专业致力于高成长企业培育和高科技项目孵化，力求寻找金融资本与产业资本的最佳结合点，扶持和培育出一大批中国本土的创业家和资本家。紫光创投开创了上市公司探索进入风险投资的"紫光模式"，具有直接投资和基金管理双重职能，目前注册资本为 2.5 亿元，受托管理的资产规模超过数亿元。

2）公司财权的分配

由于公司的组织结构有特殊性，董事会的职权除了图 6-1 所示的职权外，还具有任免投资决策委员会、资产管理委员会、专业中介机构及智囊顾问机构的领导人员，并决定其考核标准和报酬事项的权力。通过这几个机构及监事会对总经理（风险投资家）的监督，消除总经理的利己及短期行为，形成一个制衡机制。董事会可以将决定中小型对外投资、并购等投资决策权赋予投资决策委员会，这种权力的配置可以提高投资的效率和回报率；也可以将出售其主要资产的决策权及审查资产清查报告的资产管理权授予资产管理委员会，这样可以提高资产的周转效率，提高整个企业的效率。这种财权的配置，一方面，可以更加充分地调动各个部门的积极性；另一方面，可以利用这些部门的专业优势，提高投资效率和资产的运用效率，以达到信息成本曲线与代理成本曲线交点处的状态。

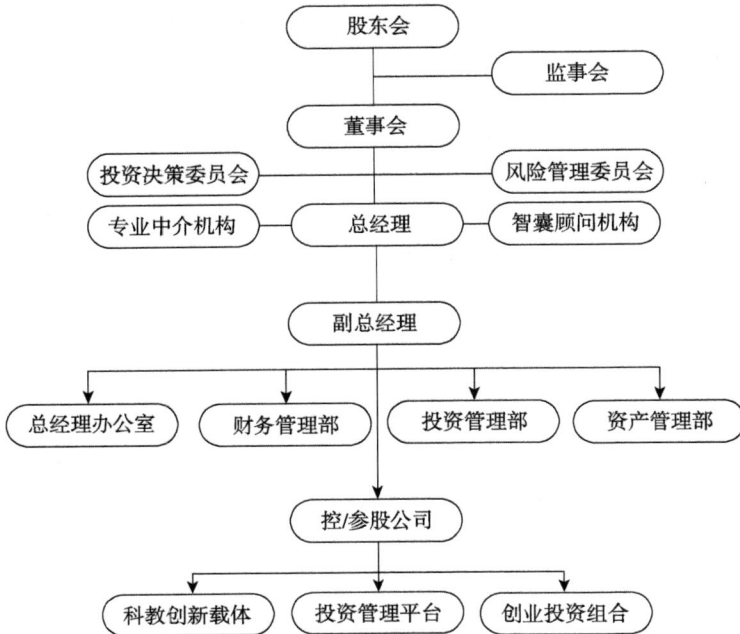

图 6-1　紫光创投的股权结构

3）完善公司的薪酬机制

公司可以考虑在现有固定薪酬的基础上，引入与投资收益挂钩的薪酬机制，即固定薪酬加一定比例投资收益的薪酬制度。风险投资家的报酬只包括固定薪酬，一方面不利于调动他们的积极性；另一方面会产生短视行为。通过与投资收益挂钩的薪酬机制，可以避免上述缺点。至于比例为多少，本书认为 15%~30% 是一个比较合理的比例，这主要是由有限合伙制公司的经验得来的。在有限合伙制公司中，普通合伙人（风险投资家）分享企业的利润最常见的比例是 20%，公司在确定风险投资家的分享比例时，可以在此基础上根据本公司的实际适当调整。

公司在已经采取职工持股这种股权激励机制的前提下，可以考虑对总经理（风险投资家）采用股票期权制度。职工持股对普通员工的激励比较有效，对总经理（风险投资家）的激励效果要差很多。要充分调动总经理（风险投资家）的积极性，就应该采用股票期权对其进行激励；此外，期权激励可以使总经理（风险投资家）成为公司的股东，实现经营权与所有权的有效结合，减少委托代理成本。

6.1.2　有限合伙制风险投资机构财务治理体系的构建

1. 财务治理结构

在财务治理结构中，关于组织结构，我们认为：有限合伙制刚引入我国风险投资行业，有限合伙制风险投资机构部分采取公司制组织结构是恰当的，在增强风险投资机构灵活性的同时，也能使其决策、运作方式在初始投资者可接受的范围之内。而资本结构中，风险投资家的高比例出资，有利于建立现阶段风险投资家和初始投资者之间的信任。在有限合伙制风险投资机构中，在组织结构和资本结构在我国风险投资业中暂时既定的情况下，财务权力的分配是财务治理的关键。

1）财务控制权结构

有限合伙企业由普通合伙人和有限合伙人组成，普通合伙人对合伙企业债务承担无限连带责任，有限合伙人以其认缴的出资额为限对合伙企业债务承担有限责任。有限合伙企业中的财权配置主要是指财权在参与机构管理的合伙人和其他合伙人之间的合理分配，以达到控制风险和保护投资者利益的目的。由于我国风险投资事业正处于尚未成熟的发展阶段，有限合伙制风险投资机构还不能完全按照惯例进行财务控制权的分配。有限合伙制风险投资结构引入公司制的组织结构，初始投资者在投资决策时或多或少干预风险投资家决策，这是我国有限合伙制风险投资机构财务治理的现实状况。初始投资者干预投资决策的原因是对风险投资家不信任，不能观察到所投资的风险投资企业的状况。在联动治理下，我们可以考虑引入风险投资企业和风险企业家的因素，在有限合伙制风险投资机构中分配财务控制权。下文在潘敏和左毅（2006）提出的债权治理机制模型基础上建立了一个风险投资机构财务治理模型。

假设存在一个风险投资企业，企业的主要经济主体由风险投资家和风险企业家组成，风险企业家拥有一个可以获得较高未来预期收益的投资项目，但是没有任何风险资本。风险企业家要实施该投资项目必须有风险投资家进行投资。假设需要投资的项目的投资期为两个，该项目实施所需的投资额为 I。投资项目实施后，在两个投资期期末均产生现金收益。假定上期期末的收益由风险企业家的努力水平决定。投资项目实施后，在上期期末可以获得现金收益 v_1，v_1 取决于风险企业家的努力水平 f，即 $v_1 = v_1(f)$。如果投资项目能够存续到下期期末，就可以获得现金收益 v_2，v_2 为不确定的现金收益。在概率为 p 时，投资项目下期期末的现金收益为 v_2^H；在概率为 $1-p$ 时，投资项目下期期末的现金收益为 v_2^L，其中 $v_2^H > v_2^L$。投资项目在下期期末的收益是 v_2^H 还是 v_2^L，要在下期期末投资项目的收益实现后才能确定。同时，这里的概率 p 是上期风险企业家选择努力水平的增函数。

风险投资企业的投资项目如果存续到下期期末，风险企业家可以获得非金钱的私人收益 u。但是，如果投资项目无法存续到下期期末，在上期期末就会被清算，投资项目除获得上期的投资收益外，还可以获得投资项目的清算价值 L。假设投资项目的清算价值 L 与风险企业家在上期的努力水平无关，风险企业家可供选择的努力水平为 0 和 f^*。如果风险企业家的努力水平为 0，则风险企业家负担费用的成本为 0；如果风险企业家的努力水平为 f^*，则风险企业家的负担费用的成本为 C。这时，风险企业家负担费用的成本既包括风险企业家的金钱成本，也包括风险企业家的非金钱成本。因此，对于风险企业家而言，只有其金钱收益和非金钱收益大于金钱成本和非金钱成本时，风险企业家才有可能选择大于 0 的努力水平。在上期期初，风险企业家决定投资项目实施与否，并决定投资项目实施所需资金的选择方式。在投资项目实施后，风险企业家选择其努力水平。在上期期末风险企业家选择的努力水平决定投资项目的现金收益 v_1 的实现。在 v_1 被实现后，风险投资家决定投资项目被清算还是存续到下期期末。如果被清算，投资项目的清算价值为 L。如果投资项目存续到下期期末，下期的投资收益 v_2 实现。投资项目在上期期末是否被清算取决于上期期末是否会出现投资时契约约定的清算情况。如果没有发生约定的清算情况，风险投资家拥有投资项目存续与否的决定权；如果发生约定的清算情况，则投资项目的清算与否的决策权转移给初始投资者，由初始投资者决定。

情况一：假设风险投资家和初始投资者存在财务权力冲突。

在第一期期末投资项目存续与否的选择上，会出现导致风险投资家与初始投资者之间冲突的因素。

从两者合作角度出发，第一期期末投资项目存续到第二期期末的条件为

$$pv_2^{\mathrm{H}} + (1-p)v_2^{\mathrm{L}} > L$$

如果条件得不到满足，从两者角度出发，选择对投资项目进行清算是有利的。但是，如果风险投资家和初始投资者之间有冲突，则不一定遵循上述条件。

如果初始投资者拥有投资项目的决定权，从初始投资者角度出发，投资项目在下期过程中无论有多高的现金收益，也与初始投资者无关，因为初始投资者只能获得投资资本相关收益；相反，如果投资项目在下期过程中现金收益低于投资资本相关收益，则初始投资者只能获得一个投资收益上限；因此，初始投资者只能尽量做出避免高风险、高收益的决策，倾向于保守决策。如果风险投资家拥有投资项目的决定权，从风险投资家角度出发，投资项目在第二期过程中产生高的收益才有可能使其获得偿还初始投资者注入资本后的余额。这时，风险投资家倾向于选择高风险、高收益的项目。

在上期期末，无论将投资项目清算与否的决策控制权给初始投资者还是风险投资家，都是非效率的。非效率分为两种：其一，初始投资者存在过度清算的倾

向；其二，风险投资家存在过度的将非效率的投资项目存续下去的倾向。

情况二：引入风险企业家的努力水平和初始投资者的清算决策权。

如果只考虑初始投资者和风险投资家之间的冲突，就会产生初始投资者的过度清算倾向和风险投资家的过度非效率投资行为。如何设计一种机制，使这种行为受到限制？为此，我们在模型中引入风险企业家的努力水平这一影响因素。事实上，在上述的分析中，尚未分析 p 对投资项目第二期现金收益的影响。p 是一个外生变量，假定 p 是 f 的增函数，风险企业家在第一期选择的努力水平越高，投资项目在下期实现高现金收益的可能性越大。风险投资家完全拥有决策权的情况下，即使风险企业家选择一个较低的努力水平，风险投资家也有可能选择将非效率的投资项目延续到下期期末的行为。特别是当风险企业家选择的努力水平为 0 时，使 $p(0)v_2^H + (1 - p(0))v_2^L < L$ 成立，这时风险投资家拥有投资项目决策权，风险投资家会选择项目继续。在这种情况下，从风险企业家的角度出发，其不需要付出任何努力成本，就能够获得投资项目延续到下期期末的非金钱私人利益 u。

初始投资者拥有决策权的情况下，即使风险企业家努力经营，被投资企业仍有可能被清算。

情况三：引入财务控制权配置机制。

我们可以在有限合伙制风险投资机构中引入控制权转移机制。转移机制充分考虑初始投资者、风险投资家和风险企业家三方的利益，其基本的模型就是以风险企业家的努力水平作为一种信号，以该信号作为控制权转移机制的标准。即在投资项目实施前，将第一期期末的债务偿还额定到一个合理水平，投资项目实施到第一期期末时，如果投资项目的现金收益较低，使公司无法偿还债务，就表明风险企业家选择了一个较低的努力水平。此时，将项目的财务控制权转移给初始投资者。如果第一期期末投资项目现金收益较高，就表明风险企业家选择了一个较高的努力水平，此时项目的决策控制权交给风险投资家，由风险投资家决定是否将投资项目存续到下期期末。

在同时考虑风险投资家和风险企业家的冲突及风险投资家和初始投资者的冲突的情况下，该模型实际上是构建一种依存于风险企业家努力水平的有限合伙制风险投资机构财务控制权配置机制。该理论模型的结论是：当风险企业家的努力水平高时，企业投资项目的现金收益较高，能够确保初始投资者的投资回收时，公司的控制权交给风险投资家，由风险投资家决定投资项目是否继续；当风险企业家的努力水平低时，企业投资项目的现金收益较低，无法偿还初始投资者的投资时，公司的控制权转移给初始投资者，由初始投资者决定是否对投资项目进行清算。

2）财务监督权

有限合伙制对于解决委托代理问题非常有效。由于有限合伙人不参与企业的日常管理，所以，有限合伙人更加注重行使财务监督权。普通合伙人必须定期向有限合伙人报告所投资企业的业务进展和资产价值变化，至少每年举行一次普通合伙人、有限合伙人和风险投资企业管理层的三方联席会议。有限合伙人或其他专家组成的投资决策委员会，定期对风险投资企业的资产进行评估，这直接影响风险投资最后的收益。在合伙协议中规定普通合伙人不能用自有资金投资同一个风险投资企业。

3）财务收益分配权

有限合伙制风险投资机构中，国外风险投资家的收益分配权分配比例一般为20%。在我国风险投资机构中，财务控制权的分配如上所述，并不是一贯由风险投资家掌握，因此财务收益分配比例的确定不能照搬20%的标准。我国有限合伙制风险投资机构其财务收益分配权的具体确定与我国公司制中风险投资家收益分配权的确定相似。初始投资者可以给出一个风险投资家的利润分配比例，把风险投资家侵占初始投资者的利益控制在一定范围内，从而使风险投资企业的价值最大，此时，初始投资者、风险投资家和风险企业家实现了自身利益最大化。

2. 财务治理机制

有限合伙制的财务治理机制是通过财务激励约束机制，达到相关利益主体间的权力、责任和利益的相互制衡，实现效率和公平的合理统一。

1）声誉机制

有限合伙制财务治理中一个重要的激励机制是外部的激励机制——声誉机制。如果委托代理关系进行两次以上，那么代理人为了提高未来预期收入，在第一期基金中的努力水平将大于一次性委托代理关系时的努力水平，这主要是因为风险投资家未来的固定收入依赖于市场对其能力的预期，而第一期基金中的努力水平是通过业绩的作用来影响这种预期，显然这种声誉效应就是对风险投资家的激励作用。在风险资本项目的运作过程中，风险投资家运作项目的成功率将影响风险投资家在风险投资界的声誉。风险投资家运作项目的成功率越高，其在业界的知名度越高，声誉越高，人力资本的价值越大，以后的发展越有利；反之，则越不利于其以后的发展。这种声誉机制对于风险投资家而言既是一种很好的激励机制，也是一种约束机制。一旦风险投资家投资失利，不但会影响到本轮的风险投资，造成风险投资家的损失，而且更重要的是将影响风险投资家未来的融资能力，影响风险投资家未来的发展（姚佐文等，2003）。

2）财务相机治理机制

所谓相机财务治理，是指根据风险依存状态，利益相关者通过履行相机选择权改变企业实际控制权的配置状态，或影响控制主体决策行为选择结果，旨在保全既得收益或未来收益的风险分散机制（吴树畅，2005）。将相机治理运用到财权安排中就是财务的相机治理机制，即在企业处于非正常经营状态下，通过建立一套有效的制度安排使受损失的利益相关者能够掌握企业的财务控制权，以改变既定的利益分配格局（张兆国等，2004）。在风险投资机构中，由于初始投资者不参与机构的日常管理，所以财务相机治理机制的运用对于保护初始投资者的利益及提高风险资本的运作效率是非常关键的。

　　风险投资机构相机财务治理的运作机理可以参见图 6-2。

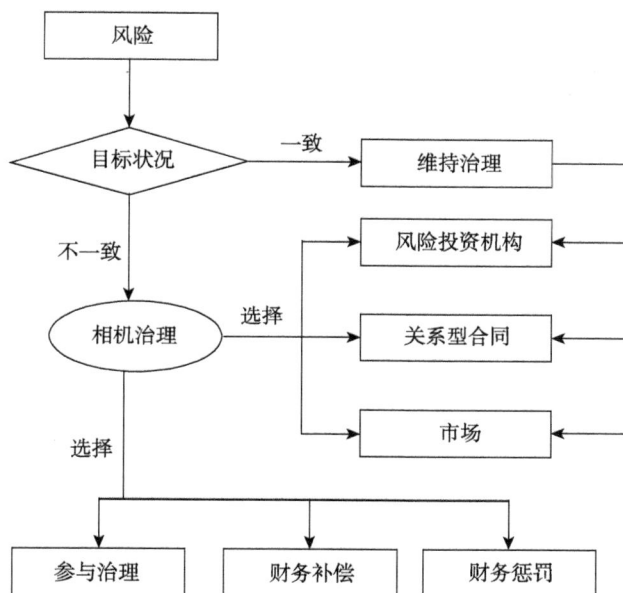

图 6-2　风险投资机构的相机财务治理机制

　　风险投资机构的风险状况与目标状况一致时，风险投资机构将保持原来的财权配置模式，保持风险投资机构现有的组织结构，保持关系型合同现有的规定。当风险状况与目标状况不一致时，初始投资者应该选择改变风险投资机构的设置、改变关系型合同的内容、改变风险投资机构的投资项目或者通过参与治理、获得财务补偿及对风险投资家进行惩罚这些措施和手段来改变财权的配置，达到分散风险的目的，实现风险状况与目标状况的一致性。

　　3）财务约束条款

　　尽管作为初始投资者的有限合伙人不直接参与风险资金和风险投资企业的管理运作，但可以通过一系列合约来约束风险投资家的投资行为：①限制风险基金投资公共证券和债券；②限制单个投资项目的投资额；③限制风险投资家投入个人资本；④限制基金间的关联交易（姚佐文和陈晓剑，2001）。

6.2　风险投资企业财务治理体系构建

6.2.1　联动治理下股权结构的安排

1. 股权结构与财务治理实证研究假设

风险投资企业资本结构特性是债务资本比例普遍低,风险资本是外部权益资本主要来源,并且风险资本不以控股风险投资企业为目的。本节拟采取实证分析,通过研究风险资本与其他股权资本的关系,探讨双重委托代理之间和三个主体之间联动财务治理下风险投资企业股权结构的合理安排。

风险资本投资风险投资企业的过程大致可分为以下三个阶段。

第一阶段:股权结构的选择;

第二阶段:财务激励契约被设计;

第三阶段:根据契约分配公司总价值,前提是投资成功与否的信息为风险企业家已知,便于其选择行动。

在第一阶段时,在分别假设只有风险投资机构进行完全控股和风险企业家进行完全控股的模型基础上,加入初始投资者,并且有效分配风险投资机构与风险投资企业之间股权结构,形成风险投资三个主体联动财务治理的风险投资企业股权结构模型。

第二阶段时,依据第一阶段选择的股权结构设计出财务契约。风险投资机构和风险企业家作为风险投资企业的两大持股比例很高的股东,都不可能完全控制对方,而且在这二者之外还存在一个初始投资者。只有强调初始投资者、风险投资机构和风险企业家三者之间利益的协调,三者的目标才能动态一致。最佳的委托代理契约不仅依赖于风险投资机构和风险企业家的财务治理,而且依赖于初始投资者和风险投资机构之间的财务治理。风险投资企业股权结构模型的提出,正是建立在初始投资者能够对风险投资家与风险企业家之间签订的股权比例条款产生影响这一事实基础上。

在第三阶段时依据股权结构及财务激励契约,对风险投资企业的经营收益进行分配。假设风险投资企业总价值 v 在第三阶段时由两部分构成,一部分是风险投资机构作为股东投入风险资本实现的价值 x;另一部分是风险企业家采取行动 a 获得的经营收益,即风险企业家对风险投资企业进行经营管理活动实现的价值 $u(a)$。则风险投资企业的总价值可表示为

$$v^i(x^i+a^i)=x^i+u(a^i)$$

其中，x^i 的值可能是不确定的，高或者低，分别由 i=H 或者 i=L 来表示。x^i 值的不确定性是由信息不对称引起的，风险企业家根据收益的大小来决定其该选择的行动。

风险投资企业的总价值将会根据第一阶段选择的股权结构在初始投资者、风险投资机构和风险企业家之间分配。其中，初始投资者将按照固定的风险资本收益率获得资本收益 F；而风险投资机构按其投入的风险资本所占股权比例得到剩余收益；风险企业家则根据持有的风险投资企业股份获得收益。在这里得出风险企业家的效用函数：

$$u(w,a) = \varepsilon[w - A(a)]$$

其中，w 代表风险投资企业的收益；$A(a)$ 代表风险企业家的委托代理成本，即不能给企业带来收益的部分。该委托代理成本由两部分组成，一部分是风险企业家的固定工资，会侵占风险投资企业的部分收益；另一部分是由于风险企业家在做出不同的经营决策过程中带来的沉没成本或机会成本。ε 代表风险企业家占有风险投资企业股份的百分比。风险企业家的经营决策活动在 $a \in [\underline{a},\overline{a}]$ 之间选择，为了简单起见，令

$$A(a) = j + \frac{2}{k}a^2$$

其中，j 表示经营决策活动的固定收益；用 $\frac{2}{k}a^2$ 简化表示不同经营决策活动平均收益。

$a^i = a^{BA}$ 时（a^{BA} 代表风险企业家选择的行动最优），$A'(a^{BA}) = 1$（无论 i=L 还是 i=H）。

最后假设第二阶段时风险企业家的保留效用是 u。

2. 股权结构与财务治理实证研究的基本模型

1）假定风险投资机构控股

在这里假设初始投资者的投资是无风险的，并且风险投资机构通过较高的股权比例能够对风险投资企业进行控制，此时初始投资者收到的支付相对独立于风险投资企业采取的行动，并且对风险企业家的财务激励契约没有任何影响。在这种情况下，风险投资家通过较高的股权比例对风险企业家财务激励契约进行全面控制，所以风险投资家在设计风险企业家财务激励契约时的目的是股权价值最大化。为了简化分析，假设 x^i 的实现即投资的效益为风险投资家所知，而 a^i 即风险企业家的行动不被风险投资家所知。在上述条件下，最佳的财务激励契约则是实现 $x^i + u(a^i) - w^i - F$ 最大化。

但实际上，风险企业家可以不对称地观察到 x^i 的实现情况，此时，风险投资

家的目标——股权价值最大化发生了变化，即风险投资家的目标转变为期望利润最大化，也就是说，其目标依赖于 x^i 效益好的实现情况。然而 x^i 效益好的实现情况是不确定的，所以只有一种可能性，这种可能性由 σ 来表示。这样，股东期望利润可以表述为

$$E(s) = (1-\sigma)(x^L + u(a^L) - w^L) + \sigma(x^H + u(a^H) - w^H) - F$$

此外，任何激励机制的设计必须遵循两个原则：第一，代理人工作所得净收益必须高于不工作也能得到的收益，即参与约束；第二，代理人让委托人最满意的努力程度也是给其自身带来最大净收益的努力程度，即激励相容约束。同时，所设计的机制或契约应能够在满足参与约束和激励相容约束的情况下，使委托人的效用最大化。

在风险投资中，对风险投资机构与风险投资企业之间的激励机制同样存在以下几个约束条件。

约束条件 1：风险企业家的保留效用，即风险企业家对企业采取行动的效用大于不采取行动的效用，即

$$w^i - A(a^i) \geq u$$

保留效用限制条件必须保证 $i=L$ 或 $i=H$ 时每一种情况，即保留效用限制条件有两个：

$$w^L - A(a^L) \geq u \quad (\text{Ru}^L)$$
$$w^H - A(a^H) \geq u \quad (\text{Ru}^H)$$

约束条件 2：激励相容约束条件，即不但风险企业家采取行动的收益大于其采取其他行动的收益，而且风险投资机构的股权收益也可得到有效保证，能够符合其收益最大化的预期目标，即

$$w[v(x^i, a^i) - A(a^i)] \geq w[v(x^i, a) - A(a)], \quad \forall a \neq a^i$$

同样，激励相容约束条件也必须满足风险企业家为实现每一种 x^i 而付出的每一种行动 a^i 相对称的要求。假设风险企业家能够控制其自身的行动并且愿意为其目标的实现而付出相应的努力，激励相容约束条件被表述为

$$w^L - A(a^L) \geq w^H - A(a^H) - (x^H - x^L) \quad (\text{IC}^L)$$
$$w^H - A(a^H) \geq w^L - A(a^L) - (x^H - x^L) \quad (\text{IC}^H)$$

此时的委托代理成本由 $A(a) + (x^H - x^L)$ 组成，可以定义为委托代理成本=自身受用成本+投资失误成本。其中，$A' > 0$ 且 $A'' > 0$，即最终代理人——风险企业家和风险投资机构都是风险规避者或风险中性者，努力的边际负效用是递增的。可以得知，IC^H 的右方严格地超过了 Ru^L 的左方，在 $i=H$ 时，最佳契约必须给风险企业家提供一个严格地超过 u 的条件，那时，Ru^H 这一条件将会产生一个内在的超过委托代理成本的额外支出。这样，Ru^H 这一条件将不能被使用，此时，只有

IC^H 和 Ru^L 能够使用。

当风险投资机构对风险投资企业进行控股治理，即可以充分控制财务激励契约的设计过程时，设计出的财务激励契约可以保证风险投资机构的期望利润最大化，服从两个约束条件，即 $i=L$ 时的保留效用约束条件 Ru^L 和 $i=H$ 时的激励相容约束条件 IC^H。

由此得出一个简单的拉格朗日方程：

$$\max_{(w^i, a^i)} I^s = (1-\sigma)(x^L - u(a^L) - w^L) + \sigma(x^H + u(a^H) - w^H) - F + \theta_{Ru}^L (w^L - A(a^L) - u)$$
$$+ \theta_{IC}^H (w^H - A(a^H) - w^L + A(a^L + x^L - x^H))$$

求偏导可以得出

$$\frac{\partial I^s}{\partial a^H} = \sigma - \sigma A'(a^H) = 0 \Rightarrow A'(a^H) = 1$$

$$\frac{\partial I}{\partial a^L} = (1-\sigma) - A'(a^L) + \sigma A'(a^L + x^L - x^H) = 0$$

结论 1：

当 i 取最大值 H 时，$a^H = a^{BA}$，将促使风险企业家做出最好的行动。

当 i 取最小值 L 时，$(1-\sigma)(1-A'(a^L)) = \sigma(A'(a^L) - A'(a^L + x^L - x^H))$，因为方程的右方大于零，说明 $A'(a^L) < 1$，即 $a^L < a^{BA}$，这表明在 $i=L$ 时风险企业家并没有采取最佳行动。

2）假定风险企业家控股

第一种情况是风险投资机构控股，与之相对应的情况是风险投资企业控股，即对财务激励契约可以充分控制，在这种情况下，风险企业家尽可能最大化自身的效用收益。风险企业家的目标函数可以简化表示为

$$(1-\tau)(w^L - A(a^L)) + \tau(w^H - A(a^H))$$

其中，τ 表示风险企业家选择不同行动的概率。

在这种极端情况下，存在以下几个约束条件。

约束条件 1：由于公司的总价值由风险企业家的期望行动决定，风险企业家可以利用其在风险投资企业股权上的优势，在财务激励契约被制定后再选择行为。虽然风险企业家具有行动的选择权，但是风险投资家由于提供了风险资本而占有一定的股份，该财务激励契约并不能完全按照最大化风险企业家效用的要求来求解。此时，为了避免风险投资机构终止其风险资本的投入，风险投资企业制定的财务激励契约必须得到一个能够保证风险投资机构获得最低收益的结果，即

$$\underline{\phi} = \phi^* - E$$

其中，ϕ^* 表示风险企业家收益最大化时外界对风险投资企业评估出的价值；E 表示风险企业家因绝对控股而占有的价值及风险投资家与风险企业家之间的委托

代理成本。

约束条件 2：满足极端情况下的两个约束条件，与第一种情况相同。

这时得出一个简单的拉格朗日方程：

$$\max_{(w^{\mathrm{L}}, a^{\mathrm{L}})} I = (1-\tau)(x^{\mathrm{L}} - u(a^{\mathrm{L}}) - w^{\mathrm{L}}) + \tau(x^{\mathrm{H}} - u(a^{\mathrm{H}}) - w^{\mathrm{H}}) - F - \phi]$$
$$+ \lambda[(1-\tau)(w^{\mathrm{L}} - A(a^{\mathrm{L}})) + \tau(w^{\mathrm{H}} - A(a^{\mathrm{H}}))] + \theta^{\mathrm{L}}_{\mathrm{Ru}}(w^{\mathrm{L}} - A(a^{\mathrm{L}}) - u)$$
$$+ \theta^{\mathrm{H}}_{\mathrm{IC}}(w^{\mathrm{H}} - A(a^{\mathrm{H}}) - w^{\mathrm{L}} + A(a^{\mathrm{L}} + x^{\mathrm{L}} - x^{\mathrm{H}}))$$

求偏导可以得出

$$\frac{\partial I}{\partial a^{\mathrm{H}}} = \tau(\lambda - A'(a^{\mathrm{H}})) - \sigma(1-\lambda)A'(a^{\mathrm{H}}) = 0 \Rightarrow A'(a^{\mathrm{H}}) = 1$$

$$\frac{\partial I}{\partial a^{\mathrm{L}}} = (1-\tau)(\lambda - A'(a^{\mathrm{L}})) - (\lambda - 1)A'(a^{\mathrm{L}}) + \tau(\lambda - 1)A'(a^{\mathrm{L}} + x^{\mathrm{L}} - x^{\mathrm{H}}) = 0$$

整理得

$$(1-\tau)(1 - A'(a^{\mathrm{L}})) = \frac{(\lambda - 1)}{\lambda} \tau(A'(a^{\mathrm{L}}) - A'(a^{\mathrm{L}} + x^{\mathrm{L}} - x^{\mathrm{H}}))$$

结论 2：

当 i 取最大值 H 时，$a^{\mathrm{H}} = a^{\mathrm{BA}}$，即风险企业家做出最有利于风险投资企业发展的行动。

当 i 取最小值 L 时，说明当风险企业家控股时，风险企业家设计激励契约的支付是建立在牺牲风险资本的基础上，此时，风险投资家对于风险企业家的约束就十分关键。

当 $\lambda = 2$ 时，此时风险企业家控制问题类似于风险投资家控股问题，解法同第一种情况。

当 $\lambda = 1$ 时，$a^{\mathrm{L}} = a^{\mathrm{BA}}$，此时风险企业家选择最优行动。

当 $1 < \lambda < 2$ 时，意味着风险企业家并没有选择最优行动，可分析其是否存在内部人操控等问题。

3）风险投资机构和风险企业家对财务激励契约的控制

上文分别分析了风险投资机构和风险企业家分别绝对控股，单独对财务激励契约过程进行控制的情况。实际上，这是两种极端情况，都不可能发生，比较合理的是风险投资机构和风险企业家通过股权结构的安排对财务激励契约过程进行共同控制。在试图说明风险投资机构与风险企业家对财务激励契约设计过程的影响的过程中，本书构造了一个财务激励契约，其目的是最大化风险投资机构和风险企业家的收益。为简化分析，首先设定一个由风险投资机构持股和风险企业家持股构成的股权结构，风险投资机构的股权比例为 q，风险企业家的股权比例为 $1-q$。股权比例可以表示他们各自对财务激励契约设计过程的影响。这时，财务激励契约设计问题成为

$$\max_{(w^i,a^i)} I = (1-q)[(1-\tau)(x^{\mathrm{L}} - u(a^{\mathrm{L}}) - w^{\mathrm{L}}) + \tau(x^{\mathrm{H}} + u(a^{\mathrm{H}}) - w^{\mathrm{H}}) - F]$$
$$+ q[(1-\tau)(w^{\mathrm{L}} - A(a^{\mathrm{L}})) + \tau(w^{\mathrm{H}} - A(a^{\mathrm{H}}))] + \theta_{\mathrm{Ru}}^{\mathrm{L}}(w^{\mathrm{L}} - A(a^{\mathrm{L}}) - u)$$
$$+ \theta_{\mathrm{IC}}^{\mathrm{H}}(w^{\mathrm{H}} - A(a^{\mathrm{H}}) - w^{\mathrm{L}} + A(a^{\mathrm{L}} + x^{\mathrm{L}} - x^{\mathrm{H}}))$$

通过求偏导可得

$$\frac{\partial I}{\partial a^{\mathrm{H}}} = \tau(1-q) - \tau(1-q)A'(a^{\mathrm{H}}) = 0 \Rightarrow A'(a^{\mathrm{H}}) = 1$$

$$\frac{\partial I}{\partial a^{\mathrm{L}}} = (1-q)(1-\tau) - q(1-\tau)A'(a^{\mathrm{L}}) - (1-2q)A'(a^{\mathrm{L}}) + \tau(1-2q)A'(a^{\mathrm{L}} + x^{\mathrm{L}} - x^{\mathrm{H}}) = 0$$

$$\Rightarrow (1-\tau)(1 - A'(a^{\mathrm{L}})) = \frac{1-2q}{1-q}\tau(A'(a^{\mathrm{L}}) - A'(a^{\mathrm{L}} + x^{\mathrm{L}} - x^{\mathrm{H}}))$$

当 i 取最大值 H 时，$a^{\mathrm{H}} = a^{\mathrm{BA}}$。

当 i 取最小值 L 时，出现以下 4 种情况。

情况 1：当 $q = 0$ 时，此时方程得到了风险投资机构绝对控股时的解。

情况 2：当 $q = \dfrac{1}{1+\lambda}$ 时，此时方程得到了风险企业家绝对控股时的解。

情况 3：当 $q = \dfrac{1}{2}$ 时，$a^{\mathrm{L}} = a^{\mathrm{BA}}$，即风险企业家选择最优行动。

情况 4：当 $0 < q < \dfrac{1}{2}$ 时，q 的大小决定风险投资机构和风险企业家对制定财务激励契约的影响。随着 q 的增大，风险投资机构对财务激励契约影响越大。

4）联动治理下初始投资者股权结构的影响

以上综合考虑了风险投资家和风险企业家从股权结构的角度对财务激励契约设计过程产生的影响，但是没有考虑初始投资者的影响。假设当风险投资企业的经营收益无法满足支付风险企业家的 w^i 和初始投资者的固定收益回报率 F 时，初始投资者的 F 就变得有风险。

假设风险投资家、风险企业家和初始投资者的基本目标是相互冲突的，由风险投资企业贯彻实施的财务激励过程将通过股权结构的安排来实现三者之间的平衡。这时，初始投资者对激励过程的影响也将用一个股权比例来表示。虽然初始投资者并没有直接拥有风险投资企业的股份，但是因为其与风险投资家之间存在投融资契约安排，初始投资者会通过该契约对风险投资企业的经营运作产生一定的影响，因此在本节中，将初始投资者对风险投资企业的影响也通过股权结构来反映。假设其间接的股权比例为 q（该比例反映了初始投资者财富），则风险企业家的股权比例为 $(1-q)\beta$；风险投资机构的股权比例为 $(1-q)(1-\beta)$。因此在财务激励契约的设计中，目标函数就分解成对风险投资机构、风险企业家和初始投资家之间基于股权结构的解释函数，拉格朗日函数变为

$$\max I^q = (1-q)[\beta(1-\tau)(x^{\mathrm{L}} + u(a^{\mathrm{L}}) - w^{\mathrm{L}}) + (1-\beta)\tau(x^{\mathrm{H}} + u(a^{\mathrm{H}}) - w^{\mathrm{H}} - F) + \tau F$$
$$+ q[(1-\tau)(w^{\mathrm{L}} - A(a^{\mathrm{L}})) + \tau(w^{\mathrm{H}} - A(a^{\mathrm{H}}))] + \theta_{\mathrm{Ru}}^{\mathrm{L}}(w^{\mathrm{L}} - A(a^{\mathrm{L}}) - u)$$
$$+ \theta_{\mathrm{IC}}^{\mathrm{H}}(w^{\mathrm{H}} - A(a^{\mathrm{H}}) - w^{\mathrm{L}} + A(a^{\mathrm{L}}) + (x^{\mathrm{L}} - x^{\mathrm{H}}))$$

对其求偏导可得到

$$\frac{\partial I^q}{\partial a^{\mathrm{H}}} = \tau[(1-q)(1-\beta) - qA'(a^{\mathrm{H}})] - \theta_{\mathrm{IC}} A'(a^{\mathrm{H}}) = 0$$

$$\frac{\partial I^q}{\partial a^{\mathrm{L}}} = (1-\tau)[\beta(1-q) - qA'(a^{\mathrm{L}})] - \theta_{\mathrm{IC}}^{\mathrm{H}} A'(a^{\mathrm{L}} + x^{\mathrm{L}} - x^{\mathrm{H}})$$

整理得到

$$(1-\tau)[(1 - A'(a^{\mathrm{L}})] = \eta\tau[A'(a^{\mathrm{L}}) - A'(a^{\mathrm{L}} + x^{\mathrm{L}} - x^{\mathrm{H}})]$$

其中，$\eta = \dfrac{(1-\beta) - q/(1-q)}{\beta}$。

由上面推导可以得出以下结论。

当 i 取最大值 H 时，$a^{\mathrm{H}} = a^{\mathrm{BA}}$，风险企业家选择最优行动。

当 i 取最小值 L 时，为了表明风险投资主体间通过股权结构对财务激励的影响，可分为以下两种情况。

情况 1：$\beta = 0$。此时风险企业家的股权比例为零，意味着风险投资企业的经营运作由初始投资者与风险投资机构决定。在这种极端情况下，初始投资者与风险投资机构做出的决策首要考虑的可能是二者的收益率，而忽略了风险投资企业的长远发展，这将不利于风险投资企业的发展。

情况 2：$\beta > 0$。初始投资者与风险投资机构之间的契约将会提供给初始投资者在第二阶段时更多权力，导致第二阶段的财务激励契约会产生更有效率的行动，即低的 a^{L} 能够实现高的价值，这表明初始投资者与风险投资机构之间的契约在第二阶段时影响公司价值。

3. 研究结论

上述模型的核心就是通过风险投资企业股权结构的设置来确保风险投资机构、风险企业家和初始投资者都具有平等参与企业激励过程的机会，同时又依靠三者间股权的分配来制衡三者的行为。通过设置适当的股权结构来稳定风险投资机构、风险企业家和初始投资者之间的合作，可以使三者统一于一个共同的目标——风险投资企业最优发展。需要指出的是，模型强调风险投资机构、风险企业家和初始投资者通过股权结构拥有激励风险投资企业的权利，但不表示把风险投资企业的激励权利平均分配。由于风险投资机构、风险企业家和初始投资者对风险投资企业的经营运作起着不同的作用，三者拥有的股权比例并不相同，因此三者对风险投资企业的影响程度也不尽相同。

综上所述，对我国风险投资企业来说，财务治理主要解决的问题之一是如何设计每一个主体的参与程度。从上述相对简化的理论模型可以看出，对每一个主体的参与程度从财务角度考虑，就是要对我国的股权结构进行全面的重新认识。为了达到最佳的激励效应，每一个主体的参与程度取决于我国风险投资企业的股权结构，而最优的股权结构要考虑风险企业家的影响水平，只有这样才能达到最佳的财务激励效果。当然，股权结构并不是财务激励最佳的唯一决定因素。

6.2.2 相机动态的财权结构

1. 财务控制权

本书中的财务控制权是经营管理活动的最终决策权，包括日常的财务管理决策权和重大决策权财务控制权。以往研究风险投资企业财务控制权的分配所考虑的因素主要包括信息不对称程度、企业的经营状况等。本书认为，风险投资机构获取风险投资企业的财务控制权的多少还与初始投资者对风险投资家的激励具有联动关系。因为在风险资本投资风险投资企业以前，风险投资企业的财务控制权掌握在风险企业家手中，出于对资本的需求，风险企业家愿意让渡部分股权和财务控制权。风险投资家从风险企业家获取财务控制权需要付出努力并且存在成本，它与初始投资者对风险投资家的激励有关，这正与委托代理理论相吻合。我们进而认为，风险投资企业的财务控制权的分配与初始投资者对风险投资家的激励是联动财务治理过程。那么初始投资者对风险投资家的激励如何影响风险投资企业的财务控制权分配呢？我们可以建立相关的模型进行分析。

财务控制权在风险投资企业中表现为对各个具体财务事件的决策（简称财务决策）。在每个财务决策中，风险投资机构和风险企业家获取的收益并不一致。假设有一个财务决策，风险投资机构获得的最大收益为 I，风险企业家获得的最大收益为 i，很明显，$I \neq i$。假设风险投资企业的各个主体财务决策的目标是使自身的收益最大，当风险投资家（代表的是风险投资机构）拥有财务控制权时，即风险投资家做出决策时，其收益为 I，风险企业家的收益为 πi，则有 $1 > \pi > 0$；反之，如果财务决策由风险企业家决策时，风险企业家的收益为 i，风险投资家的收益为 θI，则 $1 > \theta > 0$。

风险投资家财务决策的过程和结果与其努力程度有关，当风险投资家做出财务决策并努力执行时，则风险投资企业获取的收益高。风险投资家是初始投资者的代理人，其努力程度与初始投资者的激励有关，即风险投资家的努力程度是初始投资者的激励函数。设风险投资家的努力程度指数为 m，当风险投资家决策时，风险投资机构的收益为 mI，此时风险企业家的收益为 $m\pi i$。风险投资企业是风险企业家创业的成果，风险企业家对自己的财务决策会付出最大的努力，风险企业家的决策过程和结果与其管理、技术能力（个人才能）有关。设企业家的个人才能指数为 n，风险企业家的收益为 ni，风险投资机构的收益为 $n\theta I$。对于一个财务事件的决策，假设风险投资家掌握财务控制权并依据相应信息做出决策的概率为 p，则在风险投资家掌握控制权但没有相关的事件信息而不能做出决策时，此时由风险企业家决策，概率为 $(1-p)q$；风险企业家掌握财务控制权并依据相应信息做出决策的概率为 q，不能做出决策而由风险投资家做出决策的概率为 $(1-q)p$。风险投资机构的收益函数（U_{vc}）和风险企业家的收益函数（U_{en}）为

风险投资家拥有财务控制权：

$$\begin{cases} U_{vc} = pmI + (1-p)qn\theta I \\ U_{en} = pm\pi i + (1-p)qni \end{cases}$$

风险企业家拥有财务控制权：

$$\begin{cases} U_{vc} = qn\theta I + (1-q)pmI \\ U_{en} = qni + (1-q)pm\pi i \end{cases}$$

一项财务事件决策中风险投资家可能的收益为

$$U_{vc} = \left[pmI + (1-p)qn\theta I \right] R + \left[qn\theta I + (1-q) pmI \right](1-R)$$

一项财务事件决策中风险企业家可能的收益为

$$U_{en} = \left[qni + (1-q) pm\pi i \right](1-R) + \left[pm\pi i + (1-p) qni \right] R$$

其中，R 取值为 0 或 1，当风险投资家拥有财务控制权时，$R=1$；否则 $R=0$。

设风险企业家的保留效应为 $\overline{W}$，如果风险投资家进行决策，则

$$\max U_{vc} = \max \left\{ \left[pmI + (1-p) qn\theta I \right] R + \left[qn\theta I + (1-q) pmI \right](1-R) \right\}$$

约束条件为

$$\left[qni + (1-q) pm\pi i \right](1-R) + \left[pm\pi i + (1-p) qni \right] R \geqslant \overline{W}$$

由上式可以得出以下结果：

当 $\dfrac{I(m-\pi n)}{i(n-\theta m)} \geqslant \overline{W}$，$R=1$；当 $\dfrac{I(m-\pi n)}{i(n-\theta m)} \leqslant \overline{W}$，$R=0$

也即

当 $\dfrac{I\left(\dfrac{m}{n} - \pi\right)}{i\left(1-\theta\dfrac{m}{n}\right)} \geqslant \overline{W}$，$R=1$；当 $\dfrac{I\left(\dfrac{m}{n} - \pi\right)}{i\left(1-\theta\dfrac{m}{n}\right)} \leqslant \overline{W}$，$R=0$

从上面的两个不等式可以看出，当初始投资者对风险投资家的激励 m 越大

时，$\dfrac{I\left(\dfrac{m}{n}-\pi\right)}{i\left(1-\theta\dfrac{m}{n}\right)}$ 的值越大，越满足风险企业家的参与约束，风险投资家越可能掌

握财务控制权。反之，说明当初始投资者给予风险投资家更多的财务激励，如更多的财务收益分配权时，风险投资家会更加努力获取风险投资企业中的财务控制权，并在决策后尽职工作，努力实现风险投资机构收益最大化。

在风险投资家了解风险企业家的过程中，风险企业家的能力越强，n 越大，

$\dfrac{I\left(\dfrac{m}{n}-\pi\right)}{i\left(1-\theta\dfrac{m}{n}\right)}$ 的值越小，$\dfrac{I\left(\dfrac{m}{n}-\pi\right)}{i\left(1-\theta\dfrac{m}{n}\right)}\leqslant\overline{W}$，则风险企业家获取财务控制权。这也是为

什么在现实中，风险企业家的管理、技术能力越强，风险投资家越信任风险企业家，越少干预风险企业家的经营和决策，这时风险企业家能获得更多的财务控制权。在风险资本投资风险投资企业的初始阶段，风险投资家对风险投资企业了解程度有限，其认为风险企业家的管理技术、才能处于中等水平，掌握相对较多的财务控制权。而如果随着风险投资企业的经营，风险投资家认为风险企业家的才能处于低水平，则风险投资家掌握更多的财务控制权。因此，这也证明了前文所论述的，风险投资企业财务控制权的配置是一个相机动态的过程。

2. 财务收益分配权

风险投资企业中的收益的确定应该以各自所占的股份比例确定。但是，比例的确定并不表明财务收益分配权的确定，因为风险投资还有一个重要的特性是风险资本的退出，退出方式的不同对收益分配权和最终的收益有重大影响。

1）风险投资退出方式决策中的财务控制权因素[①]

风险投资的退出是将风险投资企业的资产变现，以收回相应的风险投资资本，并获得相应回报的经济行为。它在整个风险投资运作过程中是一个重要的组成部分，是风险投资运作过程的最后一个环节，也是获取高额投资回报和实现风险投资目标的关键环节。风险投资的退出方式主要有以下几种：IPO、并购、回购、清算等，其中 IPO 和股权转让是风险资本退出最重要的途径。从 2003~2013 年我国创业风险投资退出方式的分布来看（图 6-3），上市和并购在所有退出方式中占比过半，尤其在 2004 年深圳中小板创立和 2009 年推出创业板后，选择 IPO 作为退出方式的趋势更加明显。此外，根据近年来创业风险投资 IPO 分布的统计（表 6-1），境内中小板上市的占比受创业板推出的影响有所下降，而境内

---

① 王宗萍，邹湘江. 基于财务控制权视角的风险投资退出方式研究. 软科学，2009，（10）：23-26.

创业板上市的占比却稳步上升，说明创业板在逐渐发展成熟的过程中为我国风险资本提供良好的退出方式和平台，对整个风险投资行业的稳定与发展发挥着不可或缺的作用。

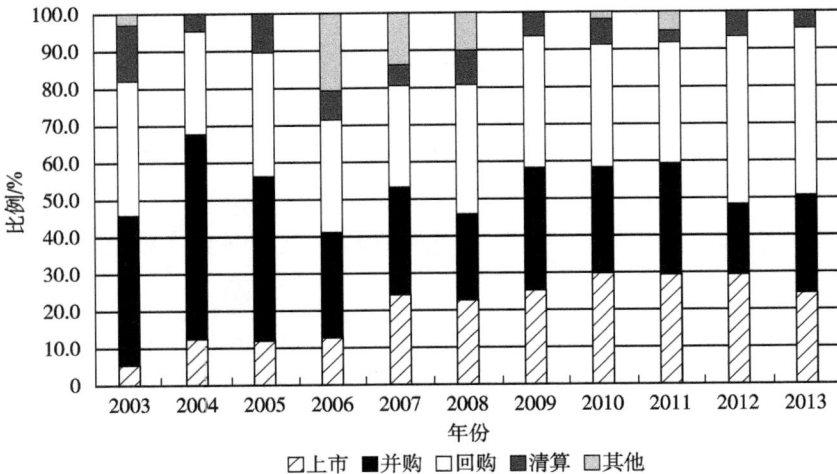

图 6-3　2003~2013 年中国创业风险投资的退出方式分布

资料来源：王元，张晓原，张志宏. 中国创业风险投资发展报告 2014. 北京：经济管理出版社，2014

表 6-1　2010~2013 中国创业风险投资 IPO 分布（单位：%）

年份	境内主板上市	境内创业板上市	境内中小板上市	境外上市
2010	16.67	35.90	44.87	2.56
2011	14.71	30.39	49.02	5.88
2012	21.74	38.26	36.52	3.48
2013	21.26	40.94	30.71	7.09

　　风险投资家将风险资本投入风险投资企业，并与风险企业家签订一系列有关风险投资企业控制权的契约。虽然风险投资家通常持股比例较低，绝对控股甚少，但风险投资家的股权与控制权并不配比，风险投资家拥有风险投资企业的重大控制权。例如，在投资契约中规定风险投资家在重大决策方面具有一票否决权；风险投资家在董事会中占有席位；等等。这是因为风险企业家一般没有成功创办企业的经历，如果风险企业家控制企业，企业经营失败的可能性大；而且风险投资家与风险企业家之间信息不对称，风险企业家也可能凭借掌握的控制权谋取私利，风险投资家获取控制权以保护自己的利益。因此，风险企业家是以放弃部分控制权的代价获得风险资本的。当风险投资退出时，风险企业家原来失去并由风险投资家拥有的那部分控制权成为关注的焦点，风险企业家能否收回失去的控制

权，与风险资本退出方式直接相关①。

（1）IPO 退出方式。与其他退出方式相比较，IPO 退出方式表现为一种隐性激励机制。这种隐性激励的含义在于，当风险投资企业成功 IPO 的情况下，风险资本的退出可以增加风险企业家的控制权，同时风险投资家实现资本回报。若使用可转换证券风险投资工具，当风险投资企业实现 IPO 时，风险投资家将可转换证券转为普通股，这种普通股与其他股东的股份同股同权，风险资本的特殊控制权，如董事会中至少有一个席位和有关重要决策的一票否决权等特殊权利将不复存在；禁售期后，风险投资家将其持有的股份在证券市场上出售。Black 和 Gilson（1998）研究发现，风险投资企业 IPO 一年以后，风险投资家平均减持股份 28%，联合投资中的跟随风险投资家减持股份的速度更快。而风险投资企业上市后其融资能力更强，不再依靠风险资本。因此，风险投资家的控制权和影响力逐步减弱直至消失。这样，风险投资企业可以获得三方面的收益：首先，风险企业家持有的风险投资企业股份流动性增强，可以随时变现获利；其次，风险投资企业上市表明风险企业家的创新能力、管理能力得到认可，风险企业家的声誉提高；最后，随着风险资本的退出，风险企业家增强自身的控制权，甚至恢复到风险资本进入前的水平，并且上市后股权更为分散，有利于风险企业家保持对企业的控制，这种控制权带来的私人收益有时超出单纯持股的财务利益②。

（2）并购退出方式。在并购退出的情况下，风险投资企业被其他企业收购或合并，新的投资者进入企业，风险企业家的地位受到挑战，甚至丧失企业的全部控制权，如部分风险投资协议中规定了"领售权"条款。"领售权"是指风险资本强制风险投资企业原有股东参与风险投资家发起的企业出售行为的权利，即风险投资家有权强制企业的原有股东（主要是指创始人和管理团队）和自己一起向第三方转让股份，原有股东必须依风险投资家与第三方达成的转让价格和条件，参与到风险投资家与第三方的股权交易中来。当风险投资家通过自己所谓的增值服务，千方百计找到一个合适的并购方之后，创始人或管理团队可能并不认同并购方、并购方的报价及并购条款等，导致并购交易难以进行，在这种情况下，"领售权"条款可有效地协调化解矛盾。由此也可以看出，并购退出方式并不利于风险企业家实现对企业的控制权，容易导致风险企业家与风险投资家之间的利益冲突。

2）风险投资退出控制权合理配置

风险资本的退出是风险投资家与风险企业家之间博弈的过程③，他们的目标

---

① 前文已经探讨风险投资退出的主要方式是 IPO 和并购，在此只讨论这两种方式对控制权的影响。

② 创业者之所以放弃一个相对稳定的工作而走向高风险的创业者的道路，很大程度上是基于对"控制"这样一种权力的个人价值的追求。

③ 这是指风险投资企业内部主体的博弈，如果以并购等方式退出，还可能包括并购者等外部主体参与博弈。

都是实现各自利益的最大化，退出的利益包括货币收益、声誉和控制权收益等。前文分析了风险资本退出时，风险投资家和风险企业家对控制权的关注，反过来，风险投资家和风险企业家之间对退出控制权配置是风险资本有效退出的保证，是实现博弈主体退出利益最大化的重要因素。如果说在创业企业经营过程中，风险投资家和风险企业家双方对控制权的追求是为了保护各自的潜在利益的话，那么风险投资家和风险企业家对退出控制权的争夺就是为了真正实现各自的利益。

　　退出控制权是风险投资过程中产生的一种特殊控制权，是控制权的重要组成部分。由于在风险资本退出过程中，风险投资家和风险企业家的利益基点不一致，风险投资家只关心货币收益，而风险企业家除了货币收益外还关心其他私人收益，即控制权、声誉等方面的好处。如果风险投资家掌握退出控制权，在风险投资退出过程中可能就容易忽略风险企业家对退出后风险投资企业控制权的追求，从而损害风险企业家的退出利益。而如果风险企业家掌握退出控制权，对退出后企业控制权和声誉的渴望可能使其伤害风险投资家的货币利益。显然，不同的退出方式选择影响了两者的退出利益，这种利益的冲突使风险投资家和风险企业家都关注退出控制权的配置问题，并且遇到两难的境地。

　　为解决这个难题，风险资本退出控制应该具有相机性，退出权配置应该根据风险投资企业的经营业绩进行转移，从而可以通过状态依存型控制权动态配置来实施创业投资的退出。风险企业家和风险投资家可以签订阶段性契约，规定利润、销售收入等其他财务和非财务的指标，实现风险资本退出后控制权在风险企业家和风险投资家之间转移。一般情况是企业经营业绩良好，风险企业家获得退出控制权；企业业绩较差时，风险投资家获得退出控制权。

　　3）案例研究

　　第一，案例简介①。

　　上海好耶广告有限公司（简称好耶）是一家集网络广告技术服务、线上营销服务和效果营销服务为一体的专业网络互动营销服务公司。2000年3月，IDG向好耶投入第一笔300万元投资，连同贷款在内，IDG第一轮累计投入182万美元，占其股份接近40%，好耶进入了商业化运作的飞速发展期。2005年12月，IDG技术创业投资基金（简称IDGVC）联合橡树投资（Investment Partners，Oak）向好耶投入总计3 000万美元的第二轮投资，占公司10%的股份。2005年年底，以朱海龙为首的管理团队开始筹备好耶独立上市。2006年9月，好耶正式启动纳斯达克上市，计划融资1亿美元。2007年3月1日分众传媒宣布以7 000万美元现金和价值1.55亿美元的分众传媒普通股收购好耶的全部股份，如果在2007年4月1日到2008年3月31日，好耶达到特定收益目标，将再支付价值7 500万

_____
　　① 本案例数据由新浪财经、搜狐财经等网站披露整理而得。

美元的普通股。IDGVC 作为好耶单一最大股东，其对好耶投资的回报超过 50 倍。2008 年 9 月 19 日，分众传媒宣布其全资子公司好耶广告已向美国证券交易委员会秘密提交了上市申请草案，不过由于受到金融危机的影响，该计划最终搁浅。

第二，案例分析。

分众与好耶，一个是国内楼宇广告的巨头，一个是国内网络广告的老大，他们的合并成为大家关注的焦点。如果说分众是为打造中国最大的"生活圈媒体群"而进行并购的话，那么好耶在招股说明书已经做完的情况下放弃纳斯达克上市计划却让人费解。特别是好耶和其著名的风险投资商 IDG，他们的退出方式是如何决策的？退出控制权如何配置？退出的控制权利益如何考虑？

从 2000 年 IDG 将资本投入好耶起，好耶进入了商业化运作的飞速发展期。2000~2004 年，好耶保持了每年超过 100%的高速增长；2004 年好耶实现营业收入 2 亿多元，利润则超过了 2 000 万元；2002~2005 年，好耶连续四年被评为中国最大的网络广告代理公司；2006 年，好耶的总收入大约为 5 亿元。好耶良好的经营业绩充分展现了其管理团队的能力，得到风险投资机构 IDG 和 Oak 的尊重，并凭借管理团队的判断力和对市场的了解，其决定都得到应有的支持。对于与分众的合并，风险投资机构给管理层的建议是：如果与分众合并能够推动好耶在互联网广告业的发展，并且能给股东带来最好的回报，就去做[①]。在本案例中，虽然风险资本 IDG 等持有好耶 41.8%股份，是好耶的最大股东，但做出退出方式决策的并不是好耶的风险投资机构。尽管好耶管理层与 IDG 的风险投资家们之间签订的有关风险资本退出契约不得而知，但是，在此次风险资本退出的决策过程中，好耶的管理层凭借良好的经营业绩掌握退出控制权，符合风险资本退出控制权动态配置的原理。企业业绩与退出控制权挂钩，实现了退出控制权的相机配置，减少管理层与风险投资机构的利益冲突。好耶管理团队获得希望的分众股票，IDG 风险投资机构获得超过 50 倍的回报，并新持有分众股份，在成功退出好耶以后又进入一个前景看好的项目。退出控制权的合理配置提高了风险资本退出效率。

3. 财务监督权

风险投资家参与风险投资企业的管理，是对风险企业家进行财务监督的重要方式。实际中，风险投资家可以聘请外部审计机构对风险投资企业进行财务监督，外部审计也可以看做初始投资者对风险企业家和风险投资家间接的财务监督，体现联动财务治理的模式。根据委托代理模型，假设风险投资企业的经营业绩 S 由风险投资企业的生产率 θ 和风险企业家的努力 e 共同决定，即 $S=\theta+e$，且 $\theta_1>\theta_2>0$。风险投资家确信 θ 为 θ_1 的可能性为 q_1；风险企业家则很清楚 θ；风险投资家获取

---

① 根据好耶 CEO 朱海龙接受《财富大家》节目采访实录整理。

aS；a 为风险投资家所占股份。风险企业家的报酬为 t，其努力成本为 $e^2/2$；对每个 θ，财务契约决定了相应的 t，也决定了相应的公司业绩 S。显然，由于风险企业家自身拥有较高的企业股份，因此可以忽略风险企业家的道德风险，即风险企业家不会偷懒，风险企业家的努力程度 e 可以得到保证。

若风险投资企业的生产率为 θ_1，则风险投资家的期望利润为 $S_1=（\theta_1+e^*）$；若风险投资企业的生产率为 θ_2，则风险投资家的期望利润为 $S_2=（\theta_2+e^*）$，其中，e^* 为风险投资家要求代理人付出的努力。风险企业家和风险投资家之间存在信息不对称，风险投资家并不很了解 θ 的真正情况，风险企业家可以操纵 θ，如将 θ_2 变成 θ_1，只生产 S_1，掩盖 $\Delta\theta=\theta_2-\theta_1$，而把 $\Delta\theta$ 视为 e 的一部分。契约模型（王光远，1999）如下：

$$\max\{q[\theta_1+e_1-t_1]+(1-q)[\theta_2+e_2-t_2]\}$$

其中，

$$t_1-e_1^2/2\geqslant 0 \qquad （6\text{-}7）$$
$$t_2-e_2^2/2\geqslant 0 \qquad （6\text{-}8）$$
$$t_1-e_1^2/2\geqslant t_2-(e_2+\Delta\theta)^2/2 \qquad （6\text{-}9）$$
$$t_2-e_2^2/2\geqslant t_1-(e_1+\Delta\theta)^2/2 \qquad （6\text{-}10）$$

式（6-7）和式（6-8）将促使代理人签订财务契约，而无论其生产率高低。激励相容约束式（6-9）和式（6-10）则会促使代理人付出委托人所期望的努力。

这里外部审计的作用非常明显。外部审计将 θ 的真实值揭示给风险投资家，使风险投资家限制风险企业家的机会主义行为。假设风险企业家报出一个低的经营业绩 S_1，风险投资家可以安排外部审计，而如果审计发现风险投资企业的经营业绩为 S_2，风险投资家就惩罚风险企业家。

6.2.3　分阶段资本供给财务治理机制

风险投资中，风险投资家通常是分阶段、分目标向风险企业家供给企业发展所需资金。这种资本供给机制，一方面是保护风险资本权益，控制投资风险；另一方面，更重要的是依据风险企业家对风险资本的迫切需要，产生有效的激励约束。风险资本投资的企业大多处于成长期，需要大量的资金，而风险资本是企业资金的主要来源。创业者都是高新技术领域的专业人员，能够在该行业中获得一个较好的职位，可是他们之所以放弃一个相对稳定的工作而走向高风险的创业之路，是因为希望能够实现自己的创业理想。风险投资企业的发展没有达到风险投资家的期望，其拒绝供给资金是对风险企业家最大的惩罚。这就激发风险企业家为获取下一轮的风险资本而努力工作，在一定程度上能够起到防范道德风险的作用。

6.2.4　相机财务治理机制

前文研究了风险投资企业中控制权的两个重要特征，即控制权与所有权不匹配性和控制权的相机性。控制权与所有权不匹配性是指风险投资家往往拥有相对其持股比例更大的控制权，对重大决策有控制权和否决权，这构成了对代理人——风险投资家的重要约束。控制权的相机性指风险投资企业的控制权在创业投资家与风险企业家之间转移。控制权的归属由企业经营业绩决定，经营业绩可以采用财务指标或者非财务指标的设定值。

以财务绩效指标设立企业业绩的衡量标准时，风险投资家通常有三种选择：首先是设立单一目标，如以一年的总利润或税前利润为指标，达到这一指标，则股权保持不变，若目标无法达到，则股权比例发生变化；其次是契约中设立渐进的经营目标，每达到一个目标，股权发生相应变化；最后是设定经营目标的上下限，在此范围内，股权变化即可实现。除此之外，风险投资家还经常设计一些非财务指标。这些指标通常包括新战略合作的完成、新产品的面市及企业店面的扩张等，涉及企业经营的多个方面。除了以股权为"筹码"外，管理层和投资方之间还可能以董事会席位等多种方式来实现控制权的转移。

第7章 风险投资财务治理体系的实证检验：以农业风险投资为例

农业是中国的立国之本，是整个国民经济的基础。当前和今后相当长一个时期，发展现代农业、实现产业结构调整和升级将是中国农业建设的核心内容。近年来，由于农业现代化进程的加速，农业资金需求逐年高涨，逐渐从生产延伸到产、供、销等各环节，从普通农户延伸到育种、养殖、农产品加工等多个主体，单纯依靠政府资金已经不能满足现代农业发展的需要。这种发展态势为风险资本进入农业领域提供了良好的时机，农业也成为风险投资关注的热点。软银赛富基金首席合伙人阎焱曾提到，现代农业在中国今后几年里会有长足的发展；蓝橡资本中国执行董事吴闽认为现代农业将是最具发展潜力的行业之一。

7.1 中国农业风险投资发展概况

中国农业风险投资的起步以 1996 年广东科技创业投资公司投资广东新会现代农业发展有限公司 3 500 万元和 1998 年北京科技风险投资公司出资 5 000 万元成立北京锦绣大地农业股份公司为标志。随着中国风险投资行业的蓬勃发展，中国农业领域也吸引着越来越多的风险资本。从投资项目领域来看，中国农业风险投资的重点领域侧重于潜在收益较高的现代农业高新科技产业，包括资源节约技术、生物科学技术、作物改良技术等。随着风险投资对农业领域投入份额的上升，到 2009 年年底，在划分的 23 个风险投资行业中农业的排名已从 1996 年的第 20 位推进到第 5 位。近年来，中国风险投资的被投资企业行业分布多元化的趋势越来越明显，风险投资和私募股权投资机构在现代农业领域中的投资案例和投资金额也快速增长，2012 年全年披露被投资企业所属行业的投资项目共 974 个，从数量上看，全年现代农业项目共 53 个，占比 5.44%，排名第 9 位；从金额上看，项目投资总额共 37.63 亿元，占比 3.62%，排名第 11 位（表 7-1）。

表 7-1　2012 年被投资企业行业分布表

行业	数量			金额		
	数值/个	比例/%	排名	数值/亿元	比例/%	排名
传统制造业	109	11.19	1	63.23	6.09	5
互联网	102	10.47	2	36.67	3.53	12
医药保健	84	8.62	3	55.38	5.33	7
高端装备制造业	68	6.98	4	46.94	4.52	8
消费及服务	57	5.85	5	68.27	6.58	4
软件	57	5.85	6	13.03	1.25	20
电子商务	56	5.75	7	192.92	18.58	1
文化传媒	53	5.44	8	37.83	3.64	10
现代农业	53	5.44	9	37.63	3.62	11
化工	44	4.52	10	18.53	1.78	17
节能环保	43	4.41	11	25.89	2.49	16
IT	34	3.49	12	13.22	1.27	19
金融服务	31	3.18	13	136.69	13.16	2
通信/电信	29	2.98	14	31.33	3.02	13
半导体 IC	29	2.98	15	15.02	1.45	18
建筑/工程	23	2.36	16	69.74	6.72	3
其他行业	23	2.36	17	27.61	2.66	15
房地产	19	1.95	18	46.94	4.52	9
传统能源	13	1.33	19	62.28	6.00	6
教育行业	13	1.33	20	5.72	0.55	21
生物技术	13	1.33	21	2.04	0.20	23
新能源	11	1.13	22	27.7	2.67	14
新材料	10	1.03	23	3.68	0.35	22
合计	974	100.00		1 038.29	100.00	

注：2012 年该项调查的有效样本数为 533 家

资料来源：中国风险投资研究院. 中国风险投资年鉴 2013. 北京：民主与建设出版社，2013

　　从农业企业吸引风险资本的角度看，据不完全统计（表 7-2），从 2006 年到 2014 年年底，共有 104 家已披露风险投资机构和 4 家非公开风险投资机构对农业领域共进行了 88 次投资，披露金额的投资项目为 68 次；获得风险投资的农业企业案例数为 80 家；风险资本的出资有人民币、美元和港元三种形式。其中，利农国际在 2006~2009 年先后获得 4 次共计 3 599 万美元的风险投资，除红杉资本

在四次投资中均有参与外，优势资本、华登国际和海纳亚洲都只参与 2008 年和
2009 年的两次投资。

表 7-2　2006~2014 年现代农业企业吸引风险投资情况表

最后一次获得风险投资年份	被投资农业企业	累计接收风险资本金额/万元	主营业务
2006	国英种业	非公开	种子
2007	天农食品	4 000（RMB）	优质家禽产品产业化
2007	丰林集团	1 710（RMB）	人造板、营林造林
2007	荆楚种业	非公开	种子
2008	唐人神	15 000（RMB）	饲料产品
2008	西部牧业	2 520（RMB）	种畜繁育及销售等
2008	好想你枣业	4 500（RMB）	红枣加工
2008	神农大丰	16 000（RMB）	超级杂交稻种的培育研发
2009	雪龙黑牛	非公开	肉牛养殖
2009	大康牧业	2 690（RMB）	生猪养殖
2009	国鸿集团	16 000（RMB）	养殖、种植、食品加工等
2009	海南橡胶	6 000（RMB）	天然橡胶生产
2009	东盛弘蟒业	1 020（RMB）	蟒蛇养殖等
2009	晨光生物	4 900（RMB）	农产品加工
2009	利农国际	3 599（RMB）	温室蔬菜生产
2010	银丰棉花	5 000（RMB）	棉花
2010	百年栗园	3 000（RMB）	有机、生态农业
2010	中渔集团	19 000（USD）	世界级鱼及鱼产品
2010	金塔实业	705（RMB）	辣椒
2010	铁观音（原安溪茶厂）	非公开	茶叶
2010	金泰粮油	200（RMB）	农业加工
2010	中国绿宝	901（RMB）	食用菌
2010	爱德现代牛业	非公开	奶业现代化
2010	多利农庄	1 000（USD）	有机农产品
2010	广东天禾	非公开	农业生产资料
2011	连城兰花	5 600（RMB）	兰花培育
2011	海鸥水产	3 000（RMB）	海洋水产品
2011	明珠股份	3 800（RMB）	花卉培育
2011	农发种业	27 000（RMB）	农资产品
2011	口口香米业	6 000（RMB）	大米加工

续表

最后一次获得风险投资年份	被投资农业企业	累计接收风险资本金额/万元	主营业务
2011	水木生物	非公开	农业高新技术开发与推广
2011	秋乐种业	71.4（RMB）	种子
2011	新坦洋茶业	6 000（RMB）	茶叶
2011	山东寿光	非公开	蔬菜
2011	德州中钿	4 000（RMB）	棉籽
2011	华夏畜牧	4 500（USD）	奶牛养殖
2011	立华畜禽	4 545（USD）	畜禽养殖
2011	渔愉鱼	1 000（RMB）	水产技术服务
2011	山地茶业	1 000（RMB）	茶叶
2011	龙华竹业	7 336（RMB）	毛竹、农副土特产品
2011	东进农牧	5 359（HKD）	生猪饲养
2011	久顺畜禽	2 574（RMB）	畜禽养殖
2011	鑫秋种业	2 376（RMB）	棉花
2011	阿旗草业	非公开	草种繁育、草产品深加工等
2012	石河子娃哈哈启力乳业	非公开	奶粉生产
2012	分享收获	非公开	有机农业
2012	西部种业	非公开	种子
2012	维尔农业	12 000（RMB）	畜禽养殖
2012	龙海实业	2 000（RMB）	畜禽养殖
2012	临高思远实业	非公开	饲料销售、海水养殖等
2012	新得力食品	20 000（RMB）	浆果类专业加工
2012	喜果绿化	1 920（RMB）	园林绿化
2012	仲衍种业	4 500（RMB0	种子
2012	恒阳牛业	12 000（RMB）	农作物种植、畜牧养殖
2012	华绿生物	627（RMB）	食用菌
2012	佳和农牧	5 500（RMB）	生猪产业
2012	鸿翔农业	非公开	肉鸭
2012	三益园林	2 000（RMB）	园林绿化
2012	东亚水产	非公开	水产品
2013	银隆农业	15 000（RMB）	棉花
2013	江淮园艺	1 900（RMB）	瓜菜产业
2013	金苹果	非公开	种子
2013	科尔沁牛业	2 400（RMB）	牛肉加工
2013	丰田种业	3 000（RMB）	种子
2013	八马茶业	15 000（RMB）	茶叶

续表

最后一次获得风险投资年份	被投资农业企业	累计接收风险资本金额/万元	主营业务
2013	金塔股份	14 000（RMB）	辣椒
2013	某畜牧业公司	非公开	—
2013	金健米业	9 165（RMB）	粮油食品精深加工等
2013	科裕隆种业	2 000（RMB）	种子
2013	澳坤	非公开	有机农业
2013	中天羊业	1 606（RMB）	肉羊
2014	壹乔苗业	18 000（RMB）	海珍品
2014	湖南茶业	非公开	茶叶
2014	华大海洋	非公开	鳗鱼养殖
2014	荣昌育种	3 000（RMB）	原种猪培育和品种改良
2014	中棉种业	3 600（RMB）	棉花育种
2014	资博股份	200（RMB）	农副产品交易市场经营管理
2014	顺鑫农业	58 875（RMB）	农产品生产、加工、物流、销售
2014	蓝思种业	12 800（RMB）	种子
2014	帮豪种业	2 700（RMB）	种子

资料来源：根据清科私募通数据及各企业官网整理所得

从风险投资机构对农业领域进行投资的角度看，2006~2014 年涉足农业风险投资领域的 100 多家风险投资机构中，本土机构以深创投、九鼎投资和中科招商投资为代表，外资机构以红杉资本、IDG 资本为代表，共投入人民币风险资本约 39.79 亿元，美元资本约 3.26 亿元，港元资本约 5 359 万元。从表 7-2 中也可以看出，随着风险资本加大对农业领域的投资，风险投资扩展至农机生产与销售、环保农药、花卉、林业、有机农产品种植及农牧渔产品深加工等众多新农业领域。此外，专注于农业投资的风险投资机构或农业风险投资的基金也逐年增加（表 7-3）。

表 7-3　近年来农业风险投资基金

风险投资机构名称	基金规模/万元
深圳高特佳投资集团有限公司	100 000
北京信中利投资有限公司	50 000（US$）
深圳达晨创业投资有限公司	10 000~20 000
河南农业开发产业投资基金	480 000
北京农业产业投资基金	20 000
蓝橡资本	—

资料来源：张淑慧和王宗萍（2010a）

　　与此同时，获得风险资本支持的上市农业企业不断增加，截至 2009 年年底，已有福建圣农等 6 家获得风险投资的现代农业企业在国内外上市。2014 年 1 月，中国证监会表示，将"继续支持符合条件的农业企业利用资本市场做优做强；引导和鼓励保荐机构加强为农业企业上市提供服务；完善农业企业发行信息披露要求；研究修改创业板首发管理办法，适当放宽财务准入标准，取消财务指标增长的硬性要求；创新融资工具；鼓励农业企业依托新三板进行股权公开挂牌与转让，积极支持其公开发行并上市"。这不仅为推动中国农业企业完成通过上市提升企业知名度、增强企业竞争力的战略性发展做出贡献，而且为风险资本的进入和退出提供保障。2005~2014 年，中国风险资本支持并成功上市的农业企业共有 34 家（表7-4），有 11 家企业选择在深圳中小板上市；近年来新三板的兴起与发展也为 10 家企业提供了上市和融资平台，而仅 2014 年一年在新三板成功上市的农业企业就有 9 家；此外，成功在境外上市的企业也有 7 家（表7-5）。

表7-4　2005~2014 年风险资本支持的上市农业企业

上市企业名称	风险投资机构	上市时间	上市地点
登海种业	莱州市高新投	2005 年 4 月	深圳中小企业板
雨润食品	鼎辉创投基金等	2005 年 10 月	香港主板
华奥物种	德克萨斯太平洋集团	2007 年 11 月	纽约证券交易所
升达林业	成都新兴创投	2008 年 7 月	深圳中小企业板
福建圣农	深圳达晨创投等	2009 年 10 月	深圳中小企业板
海大集团	鼎晖投资	2009 年 11 月	深圳中小企业板
中国森林	建银国际、凯雷、合众集团	2009 年 12 月	香港主板
华英农业	华山投资、深圳信创投等	2009 年 12 月	深圳中小企业板
国联水产	智基创投、金安投资、同创伟业等	2010 年 7 月	深圳创业板
西部牧业	上海永宣、瑞华控股	2010 年 8 月	深圳创业板
利农国际	红杉资本、华登国际等	2010 年 10 月	纳斯达克证券交易所
晨光生物	君润投资、达晨创投等	2010 年 11 月	深圳创业板
大康牧业	财信创投、先导创投	2010 年 11 月	深圳中小企业板
海南橡胶	长江国泓	2011 年 1 月	上海证券交易所
神农大丰	联盛创投、红岭创投等	2011 年 3 月	深圳创业板
唐人神	湘投高创投、温氏投资、德威资本等	2011 年 3 月	深圳中小企业板
好想你枣业	秉鸿资本、百瑞创新、深圳创新投	2011 年 5 月	深圳中小企业板
天福茗茶	红杉资本、IDG、中金	2011 年 9 月	香港主板
丰林集团	金石投资、国际金融公司	2011 年 9 月	上海证券交易所
百洋股份	深圳创新投、长润创投、海达投资等	2012 年 9 月	深圳中小企业板
伊禾农品	力华投资、华茂产业投资等	2013 年 7 月	新三板
原生态牧业	锐盛、鼎珮投资	2013 年 11 月	香港主板

续表

上市企业名称	风险投资机构	上市时间	上市地点
牧原股份	国际金融公司	2014 年 1 月	深圳中小企业板
惠生国际	湖南高新投（香港）	2014 年 2 月	香港主板
中天羊业	盛华投资、中科招商、甘肃国投	2014 年 4 月	新三板
众兴菌业	九鼎投资、财晟投资	2014 年 5 月	深圳中小企业板
金旭农发	光谷创投、旬金投资	2014 年 7 月	新三板
秋乐种业	河南高科创投	2014 年 8 月	新三板
湘佳牧业	唯通资本	2014 年 8 月	新三板
银丰棉花	金石农投、天星资本、中融鼎新等	2014 年 8 月	新三板
晓鸣农牧	国富基金	2014 年 10 月	新三板
红旗种业	现代种业发展基金、谷风创投	2014 年 10 月	新三板
东进农牧	宜信股权投资、纳兰德投资基金等	2014 年 11 月	新三板
参仙源	信达资本	2014 年 12 月	新三板

表 7-5　2005~2014 年中国上市农业企业上市地点分布

上市地点	频数
深圳中小板	11
新三板	10
香港主板	5
深圳创业板	4
上海证券交易所	2
纳斯达克证券交易所	1
纽约证券交易所	1

注：根据清科私募通网站数据整理所得

中国创业板主推"两高六新"企业上市（即成长性高、科技含量高及新经济、新服务、新农业、新材料、新能源和新商业模式），其重点扶持"新农业"的导向也为现代农业企业实现上市提供机会，不仅为现代农业企业提供了更为广阔的融资平台，满足现代农业企业发展的资金需要，提升农业企业的知名度和市场形象，而且也为风险资本在农业领域的进入与退出提供良好的政策环境，有利于风险投资和私募股权基金在农业领域中形成"投资—退出—再投资"良性循环模式，引导更多风险投资和私募股权机构投资现代农业，促进风险资本市场与现代农业间的互助发展。

中国创业板起步较晚，但在 2009 年 10 月推出时，首批申报挂牌的 95 家企业中就有四川光友、吉峰农机等 7 家现代农业企业积极参与（表 7-6），同年，大禹节水（300021）和吉峰农机（300022）被划分为制造业成功上市，荃银高科（300087）则于 2010 年 5 月完成 IPO。截至 2014 年年底，所属"A.农林牧渔"

行业的上市公司共有 7 家，国联水产（300094）、西部牧业（300106）、晨光生物（300138）和神农基因（300189）4 家为风险资本支持上市的农业企业；荃银高科（300087）、星河生物（300143）和天山生物（300313）3 家上市公司未接受风险资本投资。

表 7-6　创业板首批申报、成功创业板上市农业企业情况表

企业名称	主营业务	企业优势
明月集团	海藻综合加工和糖醇生产	海藻加工龙头企业、较强的研发能力、企业品牌
海利尔药业	环保低毒新农药的研制、开发、生产与销售	环保农药、较强的研发能力、企业品牌
天禧牧业	鸡孵化、屠宰加工及熟食加工为一体的综合性畜牧生产	上下游产业链整合、产业化经营
四川光友	薯类深加工	产业化经营、较强的研发能力、企业品牌
安徽荃银	农作物种子科研、生产、加工、国内外营销	自主研发能力、多系列产品、企业品牌
大禹节水	农业节水灌溉产品	节水灌溉产品、较强的研发能力、强大的营销网络
吉峰农机	农业装备、载货汽车、农用中小型工程机械、通用机电产品四大类农村机电产品销售	农机连锁经营

资料来源：张淑慧和王宗萍（2010a）

7.2　风险投资财务治理体系的实证检验

我国农业企业从上市公司来看，普遍具有资产负债率低的资本结构特点，重股轻贷现象严重。农业领域内具有投资周期长、科技成果转化难、收益率较低等特点，并且国内农业企业大多为家族企业，大部分是现金交易，在某些财务方面比较混乱。风险投资机构在对农业项目的考察、投资决策权的配置等方面存在挑战。与此同时，风险投资企业在接受风险资本投资后，股权结构、组织结构及权力结构、相关激励约束机制等都会发生变化。如何在家族企业的基础上建立合理的组织结构、资本结构和控制权结构，进一步完善公司治理，面临诸多问题。以农业行业为例，研究风险投资财务治理体系的完善，对于积极发展风险投资市场、拓宽我国农业企业资金来源、加快农业产业化及促进新农业的发展具有深远意义。

本节继前文对风险投资财务治理体系构建进行了探讨之后，以达晨创投及其投资的福建圣农为研究对象，对这一企业组内部各自的财务治理之间的联动治理管理的优势与不足进行剖析，探讨前文建立的财务治理体系的科学性与适宜性。

7.2.1 研究方法

本节的研究方法为案例研究法。Yin（1994）把案例研究定义为对当代某一处于现实环境中的现象进行考察的一种经验性的研究方法。案例研究的意义在于回答"为什么"和"怎么样"的问题（Yin，1994）。根据实际研究中运用案例数量的不同，案例研究可以分为单一案例（single case）研究和多案例（multiple cases）研究。徐碧美（2004）认为单案例适用于下列三种情况：第一，该案例是测试某一理论的关键性个案，这理论已经有一套主张（假设）并说明了这套主张（假设）在什么情况下是正确的。而且，这关键性的单一案例是用来证实（挑战或扩展）该理论的。因此，单一案例的研究发现有助于建立理论。第二，该案例代表了一种极端或独特的情况，因其罕见而值得记录并分析。第三，该案例在过去是没有条件进行研究的。本节将财务治理理论运用到风险投资领域，对财务治理理论进行了扩展，并且，正如前面所研究的，风险投资财务治理具有自身的特性。因此，本节采用单案例研究方法进行研究。案例研究一般包括建立基础理论、选择案例、搜集数据、分析数据、撰写报告和检验结果等步骤（Yin，1994；孙海法和朱莹楚，2004）。本节研究过程遵循案例研究的基本范式，分为提出研究的问题、确立理论框架、案例资料收集与案例选择、案例分析与理论推演和得出结论。其中，课题组通过文献综述和调研，提出了研究的基本问题，同时，确立了风险投资双重委托代理关系财务治理的理论框架，这些研究工作见前面各章节，在此不再赘述。

选择案例是案例研究中一个重要且必不可少的步骤。我们选择达晨创投投资于福建圣农的案例，是结合目的抽样与理论抽样的原则，并兼顾案例的典型性和资料收集的便利性。从风险投资案例的典型性来看，2009年，福建圣农成功上市，达晨创投投资于福建圣农获得"清科-2009年度中国最佳风险投资退出案例"。达晨创投在"清科-2009年中国风险投资机构50强"中排名第二，并且已成功投资50多家有潜力的优质企业，其中15家企业分别荣获2007~2009年度"清科-中国最具投资价值企业50强"。达晨创投共有9家投资企业在创业板申报了材料，此外，在首批上市的28家创业板公司就有3家公司是由达晨创投投资的。福建圣农是国家优秀重点农业龙头企业，也是中国唯一一家实现了工业化、标准化、产业化的养殖龙头企业。同时，福建圣农是IPO重启后第一个新农业概念的企业，具有标榜意义。

7.2.2 达晨创投财务治理体系分析

达晨创投成立于2000年，注册资本1亿元，是电广传媒全资子公司。作为一家优秀的风险投资机构，达晨创投除利用自有资金进行风险投资外，还根据自身的投资能力积极向社会募集风险资本。目前，达晨创投管理的基金有 15 期，包括 6 只公司制风险投资基金——达晨创业、达晨兴业、达晨成长、达晨财信、达晨银雷和达晨财鑫，以及 9 只有限合伙制风险投资基金——达晨财富、达晨创富、达晨创盛、达晨文旅、达晨恒泰、达晨创银、达晨恒胜、达晨创丰和达晨美元（美元基金），资金总规模逾 150 亿元。其中，达晨恒泰规模达 35 亿元，是本土最大规模的股权基金。在达晨创投成立 15 周年之际，深交所总经理宋丽萍给出一组数字：到 2015 年 6 月 15 日为止，创业板 475 家上市公司当中，获得创投机构投资的有 294 家，其中达晨就输送了 23 家。达晨创投成立的 15 年间创造了骄人的业绩，旗下风险投资基金一共投资了 300 多家企业，成功退出 80 多家，40 家企业 IPO，其中 35 家在深交所挂牌，另有 18 家企业挂牌新三板，28 家企业并购或回购退出。

　　2006 年 12 月 2 日，达晨创投和达晨财信以每股 1.355 元的价格分别认购 1 549.80 万股和 664.20 万股股份，占增资扩股后总股本的 4.2% 和 1.8%；2007 年 10 月，达晨财信以 1 600 万元接受圣农实业 2% 的转让股份，此次股份转让后达晨创投、达晨财信分别持有福建圣农 4.2%、3.8% 的股份。由于达晨创投持有达晨财信 40% 的股份，因此，达晨创投对福建圣农直接加间接持有的股份达到 8%，已成为福建圣农实际上的第二大股东。达晨创投董事长刘昼曾表示："达晨基本能保证 70% 的成功率，而在国外，30% 的成功率就算很高。"随着福建圣农 2009 年 7 月的成功上市，达晨创投三年的投资实际上获得了超过 11 倍的回报。截至 2014 年，其投资福建圣农的回报率已达到 13.58 倍。达晨创投的投资能力和投资成功率，包括对福建圣农投资的成功，很大程度上归功于达晨创投自身有效的财务治理。

　　1）财务控制权

　　财务控制权表现为日常财务管理权和重大财务决策权。无论是公司制还是有限合伙制，日常财务管理权都由企业经营管理者享有。在财务决策权分配方面，公司制和有限合伙制存在差别。一般地，股东会和董事会获得公司制风险投资机构重大财务决策权，而有限合伙制中出资比例低的普通合伙人却掌握财务决策权。达晨创投目前管理的风险投资基金既有公司制又有有限合伙制，他们的财务决策权是如何分配的，从而保证达晨创投近几年如此高效地运作呢？

　　投资福建圣农是达晨创投的两个公司制基金——达晨创业和达晨财信。当时福建圣农因受禽流感影响而业绩下滑，达晨创投仍做出对其投资的决定，并且最终取得较好的投资业绩，这得益于达晨创投合理的财务决策权配置。达晨创投具有国有风险投资机构的背景，实行的是分层决策的模式。风险投资项目要依次经历部门立项、投资决策委员会立项，中介出具会计师事务所报告、法律意见书，内部风险控制部门（简称风控部）进行再论证，董事会决策和总部备案或决策，具体的决策流程和财务决策权分配如图 7-1 所示。

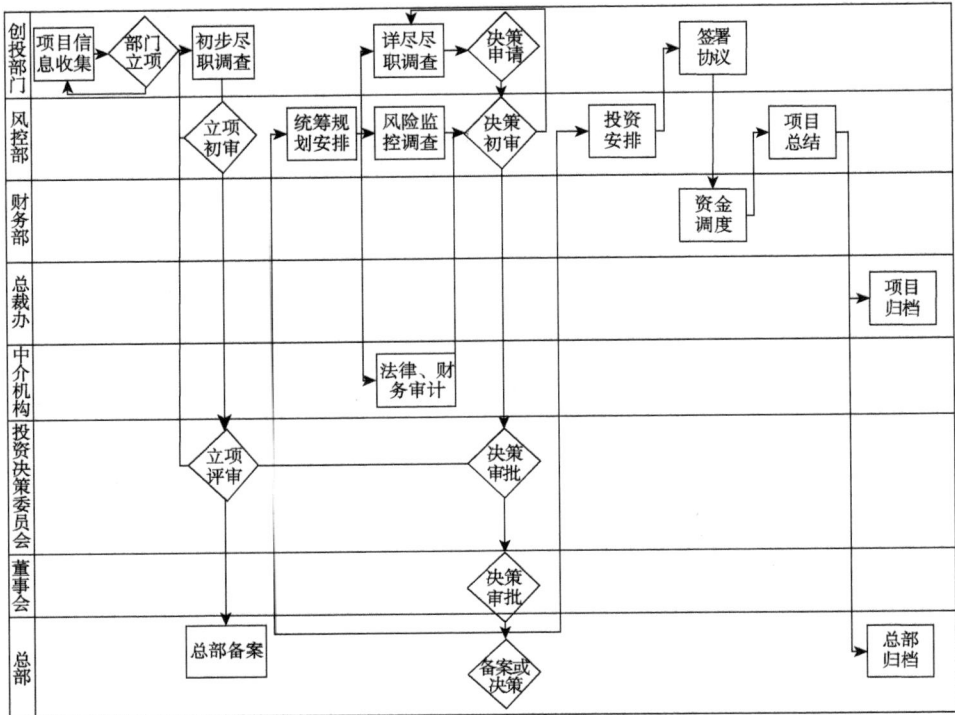

图 7-1　达晨创投投资流程图

第一，部门立项。达晨创投将其重点关注的投资领域分为四个创投部门，分别由四个投资总监负责（表 7-7），下设具体项目部。关注现代农业的傅哲宽经过项目信息的搜集、初步分析和筛选，认为福建圣农有继续跟进价值并报本部门立项讨论，项目经理不承担决策风险，但只有建议权没有决策权。经过部门立项讨论，按照一人一票的原则，超过半数以上同意，项目部门立项通过。经部门讨论同意立项的项目，项目经理方可进行初步尽职调查。第二，投资决策委员会立项。经过初步尽职调查，傅哲宽向投资决策委员会提出立项申请。风险控制部对福建圣农的立项申请进行初步审核，风控部初审同意立项，再经全体投资决策委员会成员三分之二或以上同意，方可允许项目立项。投资决策委员会主任（即公司董事长）有一票否决权。项目完成投资决策委员会立项后，由风控部报电广传媒投资管理部备案。第三，公司尽职调查。项目经理协助，风控部联合会计师事务所和律师事务所负责进行尽职调查，同时风控部依据调查报告和投资协议草案进行风险评估。第四，项目决策。经公司尽职调查通过后，投资经理向投资决策委员会提出申请，对项目进行决策。投资决策委员会由董事长刘昼、副总裁兼总风控师胡德华、副总裁兼董事会秘书邵红霞和执行总裁肖冰组成，对项目拥有一票否决权。第五，董事会决策。投资决策委员会决策通过的项目根据达晨管理的风险资本来源的不同进入相应的董事会分别进行决策程序。董事会决策通过的项目，进入电广传媒总部备案或审批程序。从决策过程看，达晨的财务决策权实际上是由投资决策委员会掌控。投资决策委员会是董事会和公司管理层之间起着桥梁作用的部门，它增加了达晨创投主要管理层的财务控制权，削弱了董事会在决策过程中的控制权。这种决策权配置与一般公司制董事会、股东会决策比较，既使投资决策更加灵活，也体现了风险资本中风险投资家作为职业投资家的人力资本价值。

表 7-7　达晨创投部门

部门	部门总经理	部门关注领域	主要投资项目
创投一部	傅哲宽	负责现代农业领域的投资	福建圣农、煌上煌等
上海公司	傅忠红	负责消费服务领域的投资	天派电子、宏昌电子等
北京公司	晏小平	负责文化传媒领域的投资	网宿科技、拓尔思等
创业板部	梁国智	负责节能环保领域的投资	湘云鲫、和而泰等

有限合伙制中遵循"有钱出钱，有力出力"的原则，风险投资家具有投资管理方面的才能，作为普通合伙人的同时拥有风险投资机构的日常财务管理权和项目投资权等重大财务决策权，即风险投资家掌握着财务控制权。达晨创投目前募集了两个有限合伙制风险投资基金，分别是 2008 年募集的达晨财富和 2009 年募集的达晨创富。达晨创投的刘昼和肖冰是基金管理人，也是普通合伙人，拥有财务控制权。对此，拟定达晨创富有限合伙协议的小耘律师事务所负责人认为，达晨创投掌握决策权，有利于保护基金有限合伙人的权益，同时也给达晨创投灵活操作的空间，使其能独立运用专业判断能力做出投资决策。而达晨创富的普通合伙人主要利用定期信息披露等制度安排进行监督，以保证高效投资。因此，达晨创投有限合伙制风险投资基金的财务控制权实行二次分配，第一次是达晨创投作为普通合伙人与其他有限合伙人之间分配，达晨创投获得财务控制权，第二次分配是财务控制权在达晨创投内部各层之间分配，与其公司制财务控制权分配趋同。

2）财务监督权

公司治理理论认为所有权与经营权分离,公司的所有者必须对公司的经营者实施监督，其中财务监督是最重要的方面之一。公司财务监督权的行使主要有监事会、审计委员会等。从达晨创投的日常财务管理和财务决策看，风控部是达晨创投的财务监督部门。达晨创投是中国国内风险投资机构中第一个设立专门风控部门的风险投资机构。风控部直接对达晨创投投资决策委员会负责，主要职责为代表投资决策委员会对投资流程监督、把关，项目的风险监控调查及投资相关事宜的管理。风控部的财务监督权主要包括立项初审、立项评审。投资决策委员会立项后风控部报电广传媒投资管理部备案，负责公司尽职调查、参与投资决策委员会决策，以及项目决策后报电广传媒备案或审批。风控部掌管达晨创投的财务监督权，直接向投资决策委员会和电广传媒负责。

有限合伙制中普通合伙人拥有财务控制权，而出资比例高的有限合伙人则享有对普通合伙人的财务监督权。因此，达晨创投有限合伙制风险投资基金的财务监督权除了上文所述的内部财务监督权以外，还有有限合伙人的外部监督权。达晨创投有限合伙人的财务监督权反映在有限合伙契约中，包括以下几个方面：严格限定风险投资基金的投资领域——文化传媒、消费服务、现代农业、新材料、节能环保等国家重点扶持的产业方向；单个项目的投资金额不超过基金规模的20%；明确管理费率及控制基金的运行成本；聘请合格的托管银行严格监管资金的使用；定期向有限合伙人提供财务报告；聘请会计师事务所进行年度审计以备监察。

3）财务收益分配权

财务收益分配权是各成员从企业获取物质回报的权利。公司制中所有者拥有最后的利润分配权，经营者获得工资、业绩提成和股权激励。风险资本是人力资本与货币资本的结合。风险投资家的专业才能在风险投资中发挥着重要的作用，但是一般公司所实行的业绩提成或股权激励对风险投资家的激励效果却十分有限。2008年，达晨创投对高层管理人员实行高管"合资激励"的新尝试，达晨创投出资1 650万元，达晨创投的高层管理人员和参与达晨创投管理的电广传媒高层管理人员出资1 350万元（达晨创投的母公司电广传媒承诺在恰当时候还将转让10%的股权给未来新进入达晨创投的管理团队，达晨创投只保留45%股权），共同组建达晨财智创业投资管理有限公司（表7-8），并以合资公司划分股权的方式对达晨创投管理层进行激励，达晨创投管理层获得与其努力水平相符的财务收益分配权。实质上，投资于福建圣农的达晨创投只是创投之一，2006年成立的深圳达晨财信创业投资管理有限公司已采取与"合资激励"类似的财务收益权分配方式（表7-9）。深圳达晨财信创业投资管理有限公司持有福建圣农3.8%的股份，随着福建圣农的成功上市，达晨创投及其高层管理人员将获得超过7倍的回报[①]。

表 7-8 深圳达晨财智创业投资管理有限公司股东及出资比例

股东名称	认缴出资额/万元	出资比例/%
深圳市达晨创业投资有限公司	1 650	55.00
刘昼（达晨创投高管）	270	9.00

---

① 数据来源：每日经济新闻。

续表

股东名称	认缴出资额/万元	出资比例/%
肖冰（达晨创投高管）	240	8.00
邵红霞（达晨创投高管）	105	3.50
龙秋云	105	3.50
胡德华（达晨创投高管）	90	3.00
袁楚贤	75	2.50
彭益	60	2.00
傅哲宽（达晨创投高管）	45	1.50
毛小平	45	1.50
周竟东	45	1.50
文啸龙	30	1.00
罗伟雄	30	1.00
刘沙白	30	1.00
唐绪兵	30	1.00
张晓歌	30	1.00
熊云开	30	1.00
尹志科	30	1.00
廖朝晖	30	1.00
曾介忠	30	1.00
合计	3 000	100.00

表 7-9　深圳达晨财信创业投资管理有限公司股东及出资比例

股东名称	认缴出资额/万元	出资比例/%
深圳达晨创业投资有限公司	400	40
周江军	200	20
文啸龙	150	15
湖南财信创业投资有限公司	100	10
熊人杰	45	4.5
刘昼（达晨创投高管）	40	4
肖冰（达晨创投高管）	35	3.5
胡德华（达晨创投高管）	15	1.5
傅哲宽（达晨创投高管）	7.5	0.75
梁国智（达晨创投高管）	7.5	0.75
合计	1 000	100

　　有限合伙制中对风险投资家的收益分配权激励越发明显。通常在有限合伙制风险投资基金中，风险投资家的出资比例约占 1%，却能获取固定比例的管理费

和 20%左右的收益分配权。这种收益分配权配置方式一方面体现了风险投资家投入的人力资本的价值；另一方面使风险投资家的收益分配权与其财务控制权、承担无限责任相匹配。达晨财富是达晨创投募集的首支有限合伙制风险投资基金，达晨创投的高层管理人员刘昼和肖冰是普通合伙人，分别出资 0.5%，他们获取的收益分配权如下：2%的年管理费；基金投资净收益年平均回报率达到或超过 10%时，按投资净收益的 20%提取业绩提成，低于 10%时，不享有业绩提成。

7.2.3　福建圣农财务治理分析

2006 年，福建圣农成功引进战略投资者，获得达晨创投（达晨创投、达晨财信）3 000 万元和上海亚商（上海泛亚策略和成都新兴创投）3 000 万元的风险投资。风险投资企业大都是处在发展初期的民营企业、家族企业，企业内部运作不规范、治理机制不完善，风险投资机构积极为其提供增值服务，采取分阶段投资、联合投资方式及参与风险投资企业管理等财务治理措施，逐步优化风险投资企业的资本结构和控制权结构。福建圣农创始人傅光明表示："企业不仅获得发展所需的资金，最重要的借助战略投资者资本经营方面的先进经验，引进了先进成熟的经营管理理念、建立规范的法人治理结构，完善企业内部管理，实现自我发展。"在接受风险投资以后，福建圣农的业绩持续增长（图 7-2），很大程度上得益于财务治理等公司治理结构方面的完善。

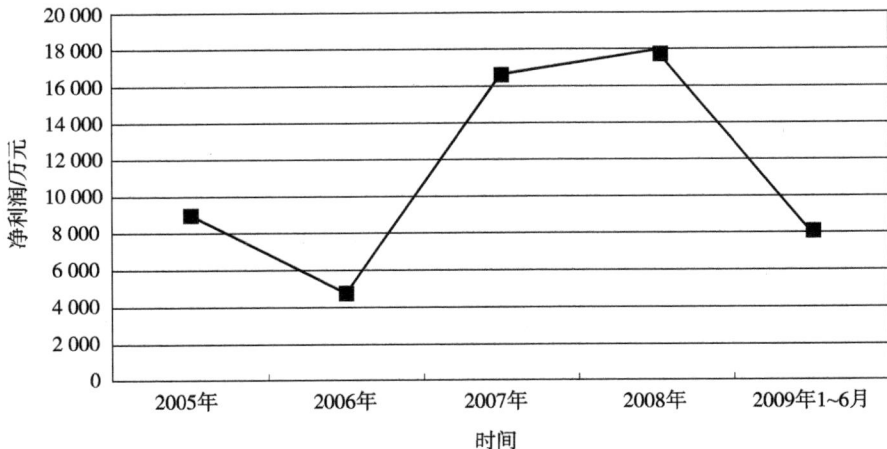

图 7-2　福建圣农获得风险投资前后的净利润走势图

1）财务治理措施

（1）分阶段投资。分阶段投资是风险投资家对风险企业家的一种有效激励机制。风险企业家要获得下一阶段的投资必须提升企业经营业绩，向风险投资家披露大量的财务信息，减少风险企业家与风险投资家的信息不对称，保护风险投资家的利益。同时，分阶段投资也给予风险企业家了解风险资本的机会，避免股权被过度稀释，随着风险投资企业的业绩提升，风险企业家能获得更高的后续投资价格。本案例中，达晨创投对福建圣农的投资即采取分阶段投资的方式，在第一轮投资完成后，福建圣农取得了很好的经营业绩，第二轮投资价格高出第一轮投资 1.247 元每股（表 7-10）。

表 7-10　达晨创投及其他风险投资机构投资福建圣农情况

分阶段投资时间	投资机构		投资金额/万元	持股数/万股	持股比例/%	每股价格/（元/股）
2006 年 12 月	达晨创投	达晨创投	2 100	1 549.8	4.2	1.355
		达晨财信	900	664.2	1.8	1.355
	上海亚商	泛亚投资策略	2 000	1 476	4.0	1.355
		成都新兴创投	1 000	738	2.0	1.355
2007 年 10 月	中盈长江		4 800	1 845	5.0	2.602
	金瑞达投资		960	369	1.0	2.602
	晟铭达投资		960	369	1.0	2.602
	亿润创投		480	184.5	0.5	2.602
	达晨创投	达晨财信	1 600	738	2.0	2.602

（2）联合投资。风险资本一般不以控股为目的，联合其他风险投资机构共同投资可以增加风险资本在财务决策等方面的话语权，实现财务信息共享，减少与风险企业家之间的信息不对称。达晨创投第一轮投资与上海亚商旗下的风险投资公司联合投资，第二轮投资与中盈长江等四家机构联合投资，两阶段联合投资所有风险投资机构共持有福建圣农股份的 21.5%。

（3）直接参与管理。风险投资与其他股权投资相比较，一个重要的特点是不仅提供企业发展所需资金，而且提供一系列增值服务，直接参与风险投资企业的经营管理、财务管理等，这是由风险资本的人力资本性质所决定的。风险投资家是具有经营和财务管理等方面专长的职业金融家，参与风险投资企业的管理，有利于进一步减少信息不对称，改善风险投资企业的财务治理。达晨创投成功的秘诀在于增值服务。投资福建圣农近三年，达晨创投和上海亚商为福建圣农提供的增值服务包括战略规划的制定、产业链完善及后续再融资、资本市场运作等。

2）财务治理优化

（1）资本结构优化。风险资本大都投资于具有成长潜力的民营企业、家族企业。家族企业的一个显著特征就是股权高度集中在家族或创业者个人手中。单一的股权结构在企业规模扩大过程中会暴露出过于依赖领导人个人威信而不是依靠企业治理制度的缺陷。建立清晰、科学的股权结构是一个家族企业持续存在的基础，也是家族企业能够长远发展的前提（郭咸纲，2005）。福建圣农接受风险资本投资重要的原因是其存在结构改善和战略调整的需求。风险投资一般不谋求对企业的绝对控股，在获得投资收益后即从被投资企业退出。例如，达晨副总裁邵红霞表示："达晨绝不控股被投资企业。"这对于既为了企业长远发展需要调整企业资本结构，又担心企业控制权旁落他人的家族企业或民营企业来说，是最有益的社会资本。福建圣农是家族制企业，股权集中，资本来源单一（表7-11），为优化股权结构，进一步完善公司治理结构，接受达晨创投等风险投资机构的两轮投资。接受投资后，公司控股股东福建圣农实业有限公司持有公司2.35亿股，占总股本的63.63%，成为股权结构较为合理的家族式民营企业（图7-3）。

表 7-11　风险投资前福建圣农股权结构

股东名称或姓名	股份数量/股	股权比例/%
圣农实业	277 228 660	89.428 6
傅长玉	25 306 230	8.163 3
傅芬芳	5 219 470	1.683 7
李文迹	632 710	0.204 1
傅文明	632 710	0.204 1
何宏武	379 440	0.122 4
吴锦德	347 820	0.112 2
陈榕	252 960	0.081 6
合计	310 000 000	100

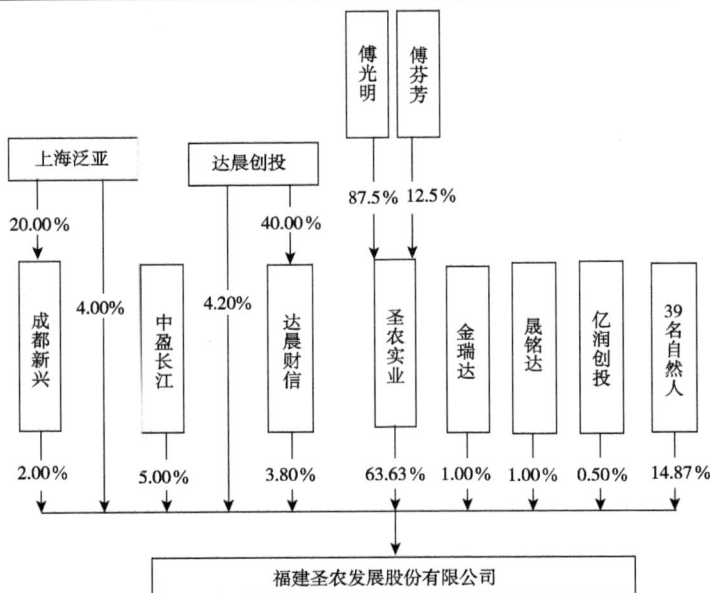

图 7-3　风险投资后福建圣农股权结构

资料来源：圣农发展招股说明书

（2）财务决策权优化。风险投资机构虽然不谋求对风险投资企业的控股权，持股比例不高，但一般会要求在被投资企业董事会或监事会中占有一个或一个以上的席位。而且在很多情况下，风险投资家作为外部董事，由于具备丰富的经验，拥有在培育企业成长和鉴别管理层素质等方面的专业素养，凭借着投入风险投资企业的资本和向该企业所提供的增值服务而在董事会中占据重要地位，获取财务决策权参与或主导重大财务决策。监事会席位则可以监督风险投资企业重大财务决策过程，以保护风险资本的权益。在联合投资的情况下，通常是主导投资机构获得风险投资企业董事会、监事会中的席位，维护自身和其他风险投资机构的利益。对于风险投资企业来说，风险投资家进入董事会或监事会分享部分财务决策权，则有利于改善过去家族企业个人决策的状况，实现企业科学化决策。正如福建圣农创始人傅光明所说："过去，圣农是一股独大，我一个人说了算，现在增加了风险投资者，变成了董事会的集体决策，促进了圣农集团成功地进行体制的改革。"达晨创投的投资原则之一是不控股，但在董事会中占有相应的席位。在投资福建圣农的过程中，达晨创投在监事会中拥有一个席位，而前期为福建圣农提供咨询服务的上海亚商在董事会中占有一个席位。

7.2.4　研究结论

目前，国内对于风险投资的微观研究，包括风险投资中双重委托代理关系的治理和财务治理总体上还处于理论发掘阶段。本书通过对达晨创投投资福建圣农这一典型案例的分析，加深了对风险投资双重委托代理关系财务治理特殊性的认识，为本书建立的财务治理框架进行了明晰的诠释。

发展现代农业为风险资本进入我国的农业领域提供了强大的推动力。国内现代农业领域的风险投资非常活跃。但是，农业领域内疫病风险、政策风险等风险因素的存在及家族企业的弊病，都给风险资本投资前的项目决策和投资后的企业治理带来了挑战。风险投资机构的财务治理和接受投资的风险投资企业财务治理对于风险投资的成功至关重要，达晨创投投资福建圣农的成功案例就是有力的证据。

通过对达晨创投投资福建圣农的案例进行分析，我们发现，福建圣农的财务控制权在项目经理、投资决策委员会、董事会和股东之间的分配情况是，项目经理不分配财务控制权；由达晨创投四个高层管理者组成的投资决策委员会对项目决策，获取财务控制权，达晨创投的风险投资家通过投资决策委员会获取相当部分的财务控制权；董事会和股东对特别重大事项进行审批和决策。达晨创投的财务控制权安排解决了公司制、国有创投机构决策不灵活的缺点，同时通过投资决策委员会分配财务控制权于管理层，最大限度地发挥了风险投资家职业投资者的潜能。达晨创投的风控部掌握财务监督权，从尽职调查到投资决策，再到董事会审批，全程参与和监督风险投资过程，决策各阶段分别向投资决策委员会、董事会直接负责。达晨创投通过"高层合资"入股的创新模式对高层管理人员进行激励，风险投资家获得财务收益分配权。达晨创投财务权力的合理配置保证了其在福建圣农受禽流感影响、业绩下滑的情形下做出正确决策。而福建圣农接受多阶段风险投资后，获得发展所需资金，股权集中和资本来源单一问题得到改善，股权结构进一步优化。达晨创投通过参与福建圣农董事会和提供一系列的增值服务，变以前创业者单人决策为董事会集体决策，使公司控制权结构更趋完善。随着福建圣农业绩的持续快速增长和成功上市，达晨创投三年的投资也获得巨额回报。

从风险投资双重委托代理关系的两大主体——风险投资机构和风险投资企业的角度，研究风险投资财务治理的特点和财务治理过程，奠定了该案例研究的普遍适用性基础。本案例分析的结论不仅适用于农业风险投资领域，而且对我国其他领域风险投资的财务治理同样具有指导意义。

第8章 研究结论与政策建议

8.1 研究结论

风险投资是指初始投资者把资金交给风险投资机构，委托风险投资家经营和管理并获得相应的收益回馈，风险投资家经过仔细筛选、决策后，将资金、自己的专业知识和管理经验投资于风险投资企业，通过风险投资企业的经营和发展，风险资本得到价值增值，再流至风险投资机构的过程。这一过程集中彰显了资金、管理、技术、创业精神等要素的完美组合，而资金则是组合的关键节点。本文通过规范研究、实证研究和案例研究等方法得出以下结论。

结论一：风险投资运营过程形成了一条有别于其他投资方式的双重甚至多重委托代理链，该代理链所体现的特殊的委托代理关系及内涵，使代理链上风险投资机构及风险投资企业在财务组织结构、资本结构、财务权力结构、财务契约安排、相关激励约束机制等财务治理内涵上，与一般独立的投融资项目涉及的独立企业有较大的区别。

结论二：如果风险投资中的双重，甚至多重委托代理关系中，某一重关系发生改变，可能会引起另一重关系发生相应的改变，即委托代理关系具有联动效应。与此同时，产生委托代理关系的前提因素——风险资本运动，也同样有可能发生联动变化。所以，因风险资本管理而设计的财务治理内涵也应该具有协同联动性。

结论三：风险投资机构财务治理的决定性因素在于其组织形式。目前以公司制为主的组织形式最终会发展到以有限合伙制为主流组织形式。

结论四：风险投资企业财务治理的决定性因素在于组织结构特性、资本结构特性和控制权结构特性。建立财务治理体系应该加强这几方面的科学性和协调性建设。

结论五：风险投资财务治理体系的建立需要分别以风险投资机构和风险投资企业为治理主客体、治理中心，从治理手段与工具、治理目标等切入点对组织结构、资本结构、财权配置和激励约束机制等安排治理内涵。同时，还需要考虑联动性因素，考虑财务治理相关内容的协调性与灵活性。

8.2 政策建议

8.2.1 宏观层面

1. 完善有限合伙制相关政策

前文已探讨风险投资机构的组织形式对其财务治理具有重大影响，公司制和有限合伙制风险投资机构财务权力分配存在差异，对于风险投资机构是选择公司制还是有限合伙制观点不一。普遍的观点是有限合伙制更有利于治理风险投资家和初始投资者之间的委托代理关系，如财务权力和责任明确、收益分配更具激励约束效应等。因此从财务治理的角度看，有限合伙制应该成为风险投资机构的主流形式。但是某种组织形式的选择是多因素综合考虑的结果，尤其包括外部政策环境的影响。在我国，有限合伙制出现的时间较短暂，各方面的配套政策不完善，如税收和上市退出问题的限制等，加入这些因素综合考虑，公司制风险投资机构近期仍然是主导。综上所述，风险投资机构选择公司制还是有限合伙制并不完全是市场行为，实质上受到宏观政策的牵制。目前，我国公司制有关法律制度相对成熟，而有限合伙制有关法律制度则在多方面需要完善。

随着有限合伙制企业开立证券账户的问题得到解决，现阶段有限合伙制风险投资机构面临的最大问题是税收负担较重，使风险投资机构倾向于选择公司制而不能根据实际选择更有利于财务治理和发展的组织形式。有限合伙制风险投资机构的税负最高达35%，超过公司制的25%。2008年12月，财政部和国家税务总局联合发布了《财政部 国家税务总局关于合伙企业合伙人所得税问题的通知》，该通知明确规定，合伙企业的合伙人按照合伙协议约定的分配比例确定应纳税所得额，合伙人是自然人的应比照"个体工商户的生产经营所得"适用5%~35%的累进税率计算缴纳个人所得税，合伙人是法人或其他组织的应缴纳企业所得税（一般税率为25%），法人合伙人在计算其缴纳企业所得税时，不得用合伙企业的亏损抵减其盈利。该通知对防止有限合伙企业偷漏税起到有效作用，但却加重有限合伙企业的税负，税收问题导致公司制成为中国风险投资机构组织形式的首选。国家政策制定部门应对上述不利于有限合伙制风险投资发展的税收问题加以解决，使合伙制风险投资机构也享受到国家税务总局《国家税务总局关于实施创业投资企业所得税优惠问题的通知》中给予公司制风险投资机构的相关税收优惠政策。

2. 加快风险投资家市场建设

在风险投资机构中，风险投资家基于自身职业投资人的角色从初始投资者手中募集到资本，从根本上讲，初始投资者与风险投资家之间形成一种委托代理关系，即建立在信任基础上的投资与投资管理关系。初始投资者对风险投资家的信任来源于从风险投资家市场了解到的风险投资家以前的声誉。如果风险投资家市场无效，将导致逆向选择的发生，初始投资者对风险投资家的信任度减弱。在公司制风险投资机构中，对风险投资家不信任的初始投资者更倾向于自己掌握财务控制权，投资项目都由董事会、股东会做出决策，降低风险资本的投资效率，与风险投资的初衷相违背。在合伙制风险投资机构中，如果对作为普通合伙人的风险投资家执行合伙事务不信任，有限合伙人则更多地参与风险投资机构的经营管理，甚至主导风险资本的投资决策，不符合有限合伙制财务控制权的分配原则。

对于风险投资企业而言，风险企业家除了希望得到发展所需的资金以外，更期望获得风险投资家的增值服务。而现实中存在众多发展良好、资金宽裕的企业，如重庆乡村基、江西煌上煌等，他们并不需要风险投资提供的资金，只是遇到做强做大的瓶颈，因此更希望风险投资家提供增值服务。但创业者认为引入风险投资是否有益于其企业的发展充满不确定性，对风险投资家的能力持怀疑态度，因此他们将不接受风险投资或者接受投资后极少出让自身的财务权力。

风险投资家在风险投资双重委托代理关系中起着桥梁作用，也是风险投资运作能否成功最关键的因素。因此，我们有必要加快风险投资家市场建设，如建立风险投资家协会等类似组织，对专业的风险投资家进行认定，定期组织交流和培训等，培育合格、成熟的风险投资家。初始投资者选择了信任的风险投资家后，愿意分配给风险投资家更多的财务控制权和收益分配权，使风险资本实质上由职业的投资者——风险投资家管理。而创业者选择中意的风险投资机构，可以获得风险投资家的辅导和金融服务，改善资本结构和控制权结构。优秀的风险投资家也希望存在这样的市场，他们在市场中有较好的声誉，更容易获得初始投资者的青睐。

8.2.2　微观层面

1. 加大对公司制风险投资机构中风险投资家的激励

目前，我国公司制风险投资机构占多数。公司制风险投资机构普遍对风险投资家采用工资加奖金的方式激励风险投资家，风险投资家获得的财务收益权相对较少。这种财务收益权分配方式没有反映风险投资家的人力资本价值，与风险投资"货币资本+人力资本"的本质不相符。为解决公司制风险投资机构对风险投资家激励不足的问题，本书建议公司制风险投资机构可以吸收合伙制财务收益权分配方式的优点，建立"公司制风险投资机构—合伙制收益分配"的模式。风险投资家在公司制风险投资机构中，收取固定比例的管理费和20%（鉴于风险投资家没有出资，可以适度降低）的利润分成。或者，借鉴达晨创投的风险投资家"合资入股"的形式，使风险投资家成为公司的出资者，风险投资家的出资者和资金管理者的双重角色可以有效地激励和约束风险投资家，有利于防止道德风险的发生。

2. 加强风险投资家与初始投资者关系的管理

初始投资者和风险投资家之间的委托代理关系建立在信任的基础上，促进双方的了解和沟通有利于财务权力的分配。譬如前文论述的，有限合伙制风险投资机构中，有限合伙人（初始投资者）信任普通合伙人（风险投资家），有限合伙人不干预合伙事务，则财务控制权的配置更加明晰。向社会公开募集风险资本的风险投资机构中应该成立专门的投资者关系管理部门，与初始投资者进行平等、诚恳的沟通，取得初始投资者的信任。风险投资家与初始投资者沟通的内容是相关的决策信息，只有做到信息公开透明，才能建立起与初始投资者的长期信任和合作关系。

3. 充分认识风险投资中风险投资企业的财务治理效应

风险投资企业获得风险资本投入和风险投资家的增值服务，同时也要让渡部分财务权力给风险投资家，这是风险资本运作的规律。况且风险资本不以控制被投资企业为目的，获取部分财务权力是风险资本为得到高额回报的重要手段。正如多家风险投资机构秉持的"投资就是服务"的理念，风险投资家利用自身的专长和管理经验，综合采用分阶段投资、直接参与管理等措施，完善风险投资企业的财务治理。风险投资企业多为中小企业或家族企业，没有建立现代公司财务治理制度，风险企业家应该抓住风险资本进入的契机，优化股权结构和控制权结构，完善企业决策制度，增加企业经营的透明度和社会声誉。

参 考 文 献

安实，王健，何琳. 2004. 风险企业控制权分配模型研究[J]. 系统工程学报，（1）：38-44.

曹凤鸣，颜晓燕. 2011. 风险投资机构治理机制分析：有限合伙制视角[J]. 科技广场，（8）：161-164.

曹国华，潘蓉. 2007. 风险投资中双边道德风险、双边逆向选择及其治理研究[J]. 科技管理研究，（1）：155-157.

曹越，伍中信. 2011. 现代财务治理效率理论的形成与发展——评张荣武著《财务治理效率论》[J]. 会计之友，（6）：128-129.

陈工孟. 2008. 风险投资与创新经济发展[J]. 安徽科技，（12）：10-11.

陈小林，胡淑娟. 2008. 审计委员会、盈余管理与信息透明度[J]. 审计与经济研究，23（6）：40-46.

程新生. 2004. 公司治理、内部控制、组织结构互动关系研究[J]. 会计研究，（4）：14-18.

董津. 2002. 北京科技风险投资公司徐洪才博士谈创业投资公司战略构架[J]. 中国创业投资与高科技，（4）：54-55.

费威，夏少刚. 2009. 基于优化视角的风险投资机构组织形式选择研究[J]. 财经问题研究，（10）：90-94.

冯根福，韩冰，闫冰. 2002. 中国上市公司股权集中度变动的实证分析[J]. 经济研究，（8）：12-18.

傅旭. 2001-10-24. 有限合伙制是风险投资基金的有效形式[N]. 人民日报.

干胜道. 1995. 所有者财务：一个全新的领域[J]. 会计研究，（6）：17-19.

高健. 2009-01-19. 蓝橡资本紧盯中国四大行业[N]. 市场报.

郭复初. 1994. 新经济体制建立与财务基础理论更新[J]. 财经科学，（2）：25-29.

郭建鸾. 2004. 创业投资基金双层委托代理机制研究[J]. 南开经济研究，（1）：100-104.

郭文新，曾勇. 2009. 双边道德风险与风险投资的资本结构[J]. 管理科学学报，12（3）：119-131.

郭咸纲. 2005. 企业创新驱动模式[M]. 北京：清华大学出版社.

黄寿昌. 2010. 财务治理理论研究范式创新——基于产权理论和契约理论的综合[J]. 财会月刊，（19）：3-5.

吉寿松. 2001. 国外风险投资环境比较研究——我国发展风险投资的对策[D]. 中国矿业大学博士学位论文.

蒋卫平. 2005. 美国风险资本市场财务治理结构研究及启示——限制性财务合同在财务治理中的运用分析[J]. 财经理论与实践，（2）：85-89.

靳明，王娟. 2010. 风险投资介入中小企业公司治理的机理与效果研究[J]. 财经论丛，（6）：84-90.

李金龙，费方域，谈毅. 2006. 不完全合同、创新与联合投资[J]. 财经科学，（6）：74-80.

李宽宽，余涛. 2008-12-29. 现代农业新猜想　寒冬中风险投资成为麦田守望者[N]. 南方都市报.

李维安，等. 2001. 公司治理[M]. 天津：南开大学出版社.

李侠. 2009-04-29. 创业板在望　风险投资跃跃欲试[EB/OL]. http://www.cpana.com.cn.

李心合. 2003. 利益相关者财务论[J]. 会计研究，（10）：10-15.

梁媛，冯昊. 2004. 委托代理理论综述[J]. 中国经济评论，（1）：62-67.

林志扬. 2003. 从治理结构与组织结构互动的角度看企业的组织变革[J]. 中国工业经济，（2）：77-82.

刘汉民，刘锦. 2001. 资本结构、公司治理与国企改革[J]. 经济研究，（10）：12，83-85.

刘有贵，蒋年云. 2006. 委托代理理论述评[J]. 理论月刊，（1）：69-78.

刘志阳，施祖留. 2005. 风险投资基金治理结构的制度变迁[J]. 证券市场导报，（7）：49-54.

梅耶 C. 1996. 市场经济和过渡经济的企业治理机制[J]. 上海财经研究，（5）：29-37.

潘敏，左毅. 2006. 债权治理机制与管理者激励安排[J]. 管理学报，（4）：427-431.

潘庆华，达庆利. 2006. 创业投资公司联合投资的动因及合作策略的选择[J]. 经济问题探索，（4）：63-68.

青木昌彦，钱颖一. 1995. 转轨经济中的公司治理结构：内部人控制和银行的作用[M]. 北京：中国经济出版社.

申书海，李连清. 2006. 试论公司财务治理和财务管理的关系与对接[J]. 会计研究，（10）：50-55.

沈维涛，胡刘芬. 2014. 风险资本联合投资对被投资企业公司治理的影响研究[J]. 财经论丛，（4）：64-71.

宋力，韩亮亮. 2005. 大股东持股比例对代理成本影响的实证分析[J]. 南开管理评论，（1）：30-34.

孙海法，朱莹楚. 2004. 案例研究法的理论与应用[J]. 科学管理研究，（1）：116-120.

谈毅，冯宗宪. 2000. 风险投资家报酬机制的研究[J]. 西安交通大学学报，（3）：33-37.

汤谷良. 1997. 经营者财务论——兼论现代企业财务分层管理架构[J]. 会计研究，（5）：20-24.

万钢. 2010. 发展有中国特色风险投资　加快培育新兴产业[J]. 科学咨询，（17）：4-5.

王斌. 1997. 现金流转说：财务经理的财务观点[J]. 会计研究，（5）：30-34.

王光远. 1999. 会计大典（第十卷 审计学）[M]. 北京：中国财政经济出版社.

王宗萍，张淑慧. 2008. 风险投资中双重委托代理下财务治理框架构建的基础研究[J]. 经济体制改革，（6）：126-129.

王宗萍，邹湘江. 2009. 基于财务控制权视角的风险投资退出方式研究[J]. 软科学，（10）：23-26.

王宗萍，邹湘江. 2010. 有限合伙制风险投资机构财务治理研究——特性与现实[J]. 生态经济，（6）：70-74.

王宗萍，邹湘江，张淑慧. 2009. 风险企业财务治理研究：组织结构视角[J]. 河南金融管理干部学院学报，（2）：121-125.

王宗萍，邹湘江，张淑慧. 2009. 风险投资双重委托代理关系综合治理——传导效应研究[J]. 武汉理工大学学报（社会科学版），（2）：32-35.

王宗萍，张淑慧，刘欣. 2010. 股权结构视角下风险投资主体之间财务治理模型构建研究[J]. 软科学，（10）：41-45.

吴敬琏. 1994. 现代公司与企业改革[M]. 天津：天津人民出版社.

吴树畅. 2005. 相机财务论——不确定性条件下的财务行为选择研究[D]. 西南财经大学博士学位论文.

伍中信. 2005. 现代公司财务治理理论的形成与发展[J]. 会计研究，（10）：13-18.

伍中信，陈共荣. 2006. 我国公司财务治理理论研究述评[J]. 财会通讯，（2）：11-13.

伍中信，朱焱，贺正强. 2006. 论以财权配置为核心的企业财务治理体系的构建[J]. 当代财经，（10）：111-114.

谢志华. 1997. 出资者财务论[J]. 会计研究，（5）：24-29.

熊波，陈柳. 2006. 论高技术企业成长与公司治理结构演变[J]. 税务与经济，（4）：7-12.

徐碧美. 2004. 如何开展案例研究[J]. 教育发展研究，（2）：9-13.

严隽琪. 2009-03-26. 让风险投资在建设创新型国家中发挥更大作用[N]. 文汇报.

晏艳阳，刘振坤. 2004. 股权结构对公司业绩的影响——假定与实证等[J]. 经济研究，（3）：42-45.

杨淑娥，金帆. 2002. 关于公司财务治理问题的思考[J]. 会计研究，（12）：51-55.

姚佐文，陈晓剑. 2001. 有限合伙制风险投资公司的形成原因与治理机制分析[J]. 中国软科学，（10）：45-48.

姚佐文，陈晓剑，汪淑芳. 2003. 有限合伙风险投资模式下的委托代理关系分析[J]. 预测，（2）：59-61.

衣龙新. 2005. 公司财务治理理论[M]. 北京：清华大学出版社.

衣龙新，何武强. 2003. 财务治理、公司治理与财务管理辨析[J]. 财会月刊，（12）：46-47.

衣龙新，何武强. 2004. 财务治理理论产生、发展及其实践意义[J]. 上海会计，（3）：45-46.

张汉江，陈收，刘洋. 2001. 风险投资的分段最优激励合同[J]. 系统工程，（1）：6-9.

张荣武. 2010. 财务治理效率论[M]. 北京：中国财政出版社.

张淑慧，王宗萍. 2010a. 利用风险投资发展我国现代农业的对策研究[J]. 企业经济，（2）：165-168.

张淑慧，王宗萍. 2010b. 基于双重委托代理关系的风险投资财权配置问题研究[J]. 企业经济，（4）：149-151.

张帏，陈耀刚. 2002. 创业企业家人力资本特性与风险投资企业治理机制的研究[A]//北京大学光华管理学院. 金融学前沿问题探讨：第九届全球金融年会（GFC2002）论文选编[C]. 北京：北京大学出版社.

张帏，姜彦福. 2002. 风险投资中的代理问题、风险分担与制度安排[J]. 科研管理，（1）：122-127.

张维迎. 1998. 控制权损失的不可补偿性与国有企业兼并中的产权障碍[J]. 经济研究，（7）：3-14.

张兆国，张庆，宋丽梦. 2004. 论利益相关者合作逻辑下的企业财权安排[J]. 会计研究，（2）：47-51.

郑辉. 2007. 风险投资双重委托代理研究[D]. 复旦大学博士学位论文.

郑劲松. 2002. 风险投资增值服务体系研究[D]. 华南理工大学硕士学位论文.

周其仁. 1997. "控制权回报"和"企业家控制的企业"："公有制经济"中企业家人力资本产权的个案[J]. 经济研究，（5）：31-42.

Aghion P，Bolton P. 1992. An incomplete contracts approach to financial contracting[J]. Review of Economic Studies，59（3）：473-494.

Akerlof G A. 1970. The market for "lemons": quality uncertainty and the market mechanism[J]. Quarterly Journal of Economics，84（3）：488-500.

Alchian A A，Demsetz H. 1972. Production，information cost，and economic organization[J]. American Economic Review，62（2）：21-41.

Antweiler W，Amit R，Brander J A. 2002. Venture-capital syndication：improved venture selection vs.the value-added hypothesis[J]. Journal of Economics & Management Strategy，（11）：423-452.

Berglof E，von Thadden E L. 1994. Short-term versus long-term interests：capital structure wit[J]. The Quarterly Journal of Economics，（11）：1055-1084.

Berle A A, Means G C. 1932. The Modern Corporation and Private Property[M]. New York：New York Press.

Bernheim B D，Whinston M D. 1986. Common agency[J]. Econometrica, 54（4）：923-942.

Black B S，Gilson R J. 1998. Venture capital and the structure of capital markets：banks versus stock markets[J]. Journal of Financial Economics，（3）：243-278.

Bottazzi L，Rin M D，Hellmann T. 2009. What is the role of legal systems in financial intermediation? Theory and evidence[J]. Journal of Financial Intermediation，18（4）：559-598.

Campbell Ⅱ T L，Frye M B. 2009. Venture capitalist monitoring：evidence from governance structures[J]. The Quarterly Review of Economics and Finance，（2）：265-282.

Cheung S N S. 1983. The contractual nature of the firm[J]. Journal of Law and Economics，（1）：1-21.

Coase R H. 1937. The nature of the firm[J]. Economica，（16）：386-405.

Cumming D. Johan S A. 2008. Information asymmetries，agency costs and venture capital exit outcomes[J]. An International Journal of Entrepreneurial Finance，（10）：197-231.

Cumming D，Schmidt D，Walz U. 2010. Legality and venture capital governance around the world[J]. Journal of Business Venturing，（1）：54-72.

Diamond D W. 1991. Monitoring and reputation：the choice between bank loans and directly placed debt[J]. Journal of Political Economy，（4）：689-721.

Fama E F，Jensen M C. 1983. Separation of ownership and control[J]. Journal of Law and Econmics，（26）：301-325.

Fudenberg D，Holmstrom B，Milgrom P. 1990. Short-term contracts and long-term agency relationships[J]. Journal of Economic Theory, 51（1）：1-31.

Gerasymenko V，Gottschalg O. 2008. Antecedents and consequences of venture capital syndication[C]. Atlanta Competitive Advantage Conference Paper.

Gompers P A. 1992. The structure of venture capital investment[C]. Working Paper，Harvard Business Suchool.

Gompers P A，Lerner J. 1996. The use of covenants：an empirical analysis of venture partnership agreements[J]. Journal of Law and Economics，（10）：463-498.

Grossman S J，Hart O D. 1985. The cost and benefits of ownership：a theory of vertical and lateral integration[J]. Journal of Political Economy，（94）：691-719.

Harris M，Raviv A. 1998. Corporate control contests and capital structure[J]. Journal of Financial Economics，（20）：55-86.

Hart O. 1995. Corporate governance：some theory and implications[J]. Economic Journal，（105）：678-689.

Hart O，Holmstrom B. 1986. The Theory of Contracts[M]. Cambridge：Cambridge University Press.

Hart O，Moore J. 1990. Property rights and the nature of the firm[J]. Journal of Political Economy，98（6）：1119-1158.

Hellmann T. 1998. The allocation of control rights in venture capital contracts[J]. The RAND Journal of Economics，（1）：57-76.

Holmstrom B. 1982. Moral hazard in teams[J]. Bell Journal of Economics，13（2）：324-340.

Holmstrom B，Milgrom P. 1991. Multitask principal-agent analyses：incentive contracts，asset ownership，and job design[J]. Journal of Law Economics & Organization，（7）：24-52.

Jensen M C，Meckling W H. 1976. Theory of the firm：managerial behavior，agency costs and ownership structure[J]. Journal of Financial Economics，（4）：305-360.

Kaplan S N，Strömberg P J. 2003. Financial contracting theory meets the real world：an empirical analysis of venture capital contracts[J]. The Review of Economic Studies，（4）：281-316.

Krishnan J. 2005. Audit committee quality and internal control：an empirical analysis[J]. Accounting Review，80（2）：649-675.

Lazear E P，Rosen S. 1981. Rank order tournaments as optimal labor contracts[J]. Journal of Political Economy，（89）：841-864.

Lerner J. 1994. The syndication of venture capital investments[J]. Financial Management，（3）：16-27.

Malcomson J M. 1984. Work incentives，hierarchy，and internal labor markets[J]. Journal of Political Economy，92（3）：486-507.

Martimort D. 1996. Exclusive dealing，common agency，and multiprincipals incentive theory[J]. The RAND Journal of Economics，27（1）：1-31.

Myers S C，Majluf N S. 1984. Corporate financing and investment decisions when firms have information that investors do not have[J]. Journal of Financial Economics，13（2）：187-221.

Radner R. 1981. Monitoring cooperative agreements in a repeated principal-agent relationship[J]. Econometrica，（49）：1127-1148.

Repullo R，Suarez J. 2004. Venture capital finance：a security design approach[J]. Review of Finance，（1）：75-108.

Ross S A. 1977. The determination of financial structure：the incentive signalling approach[J]. Bell Journal of Economics，8（1）：23-40.

Rubenstein A. 1979. Equilibrium in supergames with the overtaking criterion[J]. Journal of Economic Theory，（21）：1-9.

Sahlman W A. 1990. The structure and governance of venture-capital organizations[J]. Journal of Financial Economics，（27）：473-521.

Sander P，Kõomägi M. 2007. The allocation of control rights in financing private companies：views of Estonian private equity and venture capitalists[J]. Trames-Journal of the Humanities and Social Sciences，（2）：189-205

Scott W G. 1961. Organization theory：an over view and appraisal[J]. The Journal of the Academy of Management，（4）：7-25.

Spence M. 1973. Job market signalling[J]. Quarterly Journal of Economics，（87）：355-374.

Stiglitz J E. 1996. Some lessons from the East Asian miracle[J]. The World Bank Research Observer，11（2）：151-177.

Suchard J A. 2009. The impact of venture capital backing on the corporate governance of Australian initial public offerings[J]. Journal of Banking and Finance，（33）：765-774.

Thakor A V，Chan Y S，Siegal D. 1990. Learning，corporate control and performance requirements in venture capital contracts[J]. International Economic Review, （31）: 365-381.

Tirole J. 1999. Incomplete contracts: where do we stand? [J]. Econometrica, 67（4）: 741-781.

Tirole J. 2001. Corporate governance[J]. Econometrica, 69（1）: 1-35.

Tirole J. 2003. Inefficient foreign borrowing: a dual-and common-agency perspective[J]. American Economic Review, 93（5）: 1678-1702.

Williamson O E. 1988. Corporate finance and corporate governance[J]. Journal of Finance, （43）: 567-591.

Yang X, Ng Y K. 1995. Theory of the firm and structure of residual rights[J]. Journal of Economic Behavior & Organization, （1）: 107-128.

Yin R K. 1994. Case Study Research: Design and Method[M]. 2nd ed. London: Sage Publications.